清空練習

從剁手族走向極簡生活，人生更幸福的24個方法

筆子／著

suncolor 三采文化

前言

學習整理收納，不如養成不擁有的習慣

大家好，我是筆子，一個住在加拿大的五年級生部落客，用部落格分享自己身為極簡主義者的日常和零雜物生活。

有時候部落格的讀者會跟我討論金錢煩惱，像是：

「我想變得更有錢。」

「有沒有更聰明的儲蓄方法呢？」

「我沒有存款，很擔心自己的未來。」等等。

大家都對金錢感到不滿、不安與壓力。然而絕大多數擔心這些問題的人，其實已有足夠收入，只是因為過度消費導致開銷增加，失去生活餘裕。

人時常陷入一種迷思，將過度消費視為理所當然而不自覺。就像許多人會因為家裡堆滿各種物品，想學習整理收納法。因為連可有可無的東西都買回家，屋內才會雜物堆積如山。

買太多又用不完，最後就是變成庫存或是隨處堆放，煩惱該如何整理的同時又為沒錢所苦。既然如此，不如從源頭開始，養成不擁有的習慣。只是在大量生產與消費的社會裡，要扭轉長年累積下來的消費習慣與迷思並不容易。

我在極簡生活的過程中發現，不購物就是最厲害的儲蓄法。因為只買真正需要的東西，所以能開心自在地運用金錢，增加儲蓄、做好整理收納、減少不安與不滿，每天過得更舒心，好處說不盡——

本書會舉出具體方法，幫助大家改變過度消費的行為和思考模式，一起實踐不購物的生活。

接下來介紹本書的章節架構。

Part 1 會提到幾種常見的亂買模式。所謂的亂買，就是買太多。本章會詳細解說，為何家中物品堆積如山，卻還是繼續購物的理由。我年輕時也曾使用訂閱制服務和郵購，買了許多不必要的衣服和雜貨。本章就會毫不保留地向大家揭露這種行為背後的成因。

Part 2 提出不消費後，你會發現比金錢更重要的事物。很多人認為除了生命和健康之外，最重要的就是錢。其實除了錢以外，還有很多看不見，卻很重要的事。只要能察覺這些寶貴的存在，就不會被眼前的欲望擺布，隨意購買無意義的商品。看清自己珍惜和想做什麼，便能端正自我價值觀，更能提升購物滿足感。

Part 3 會具體介紹購物日記、不買東西大挑戰等具體改變購物習慣的方法。每個方法都非常簡單，可以馬上執行。我本來是個很不擅長理財的人，但自從開始記錄每天購物清單和金流後，回頭檢視自己的消費行為，變得更容易存錢，內心的不安也消失了。

Part 4 會向大家推薦丟東西的方法和整理收納的清單。丟棄不需要的東西，可以審視過去的購物習慣。我之所以能開始注意節流和儲蓄，都是從徹底丟棄不需要的東西開始。

各位讀者，從今天開始嘗試不購物的生活吧。希望大家閱讀愉快！

筆子

目錄

人的六大購物盲點

Part 2 挖掘新的人生價值觀

Part 3

六大方法改變購物習慣

Part 4 捨棄後，邁向不消費的生活

Part 1

人的六大購物盲點

1

存不了錢是因為你這樣花

沒錢、想賺更多錢、想存更多錢——這是我們每個人都有的想法。有的人選擇在生活大小事上省吃儉用，縮衣節食。其實只要我們重新審視現有的購物習慣，停止購買不需要的東西，還能儲蓄。

增加存款的方法有三個：

①開源。

②節流。

③選擇投資報酬率高的產品。

※第③點屬投資範疇，這裡暫不討論。

大部分的人即使審視自己平日的固定開銷和餐費，自詡省吃儉用，卻對不必要的購物行為，例如囤積日用品，或是買過多衣服或美妝品而渾然不覺。

你是不是會說：「不不不，我都已經削減生活開銷到了極限，沒有亂花錢。」**然而，許多人會將不必要的物品視為必備品，而持續購買。**

以個人清潔用品為例，包含洗臉、洗手、洗頭和洗身體等數種商品。此外，家用清潔又分成地板、碗盤或是衣物專用等品項。

有些比較講究細節的人，會將地板清潔劑再分成房間和浴室，甚至還有專門洗廁所和去除油垢的清潔劑，應有盡有。

其實，就算不用這麼多清潔劑，也能好好打理自己和居住環境。以我為例，打掃時只會用到小蘇打粉、醋（檸檬酸）、酒精、肥皂、水和精油（抗菌、除菌、香氛功效）。用一塊肥皂清洗全身，以醋潤髮或用清水洗頭，浴室就不用擺放洗髮精、潤髮乳和護髮素等瓶瓶罐罐。

我們時常因為習慣，忽略了生活周遭其實買了很多並不需要的物品。像這樣重新檢視購物內容，不用嚴格縮衣節食，也能存錢。

人的購物迴圈

即使是以簡單生活為目標，平日就很注意整理收納的人，還是會不自覺地進行一些無用消費。你是否也經歷過以下過程呢？

就算家中有許多能穿的衣服，還是會忍不住買當季的便宜服飾。

▼

因為衣服太多，所以新衣只有偶爾才穿，最終就堆在衣櫃裡放到過季。

▼

明明不穿但也不丟，總想著「總有一天會穿」，最後就是衣物堆積如山。

▼

買收納盒整理塞爆的衣櫃，甚至又在生活百貨購入以為很好用的置物籃。

但是，一看到便宜的衣服又開始亂買。家裡漸漸無法收拾，於是付了高額費用，請整理師到府收納。

▼

下定決心丟東西，大量捨棄不需要的物品。由於要丟的東西實在太多，又花錢找清運業者。

▼

即便暫時調整成整理體質，卻無法根除錯誤購物習慣，不停買了又丟、丟了又買。

▼

生計捉襟見肘，開始兼職。因為覺得要穿得像樣一點去面試，又買衣服。

▼

回到戒不掉衝動購物的原點。

這個例子雖然很極端，但如果將不停消費的生活視為常態，不管做任何事都會覺得必須先買東西才行。

2 為什麼會忍不住亂買？

人為什麼會這樣拚命買東西？我認為背後有這些因素：

覺得「越多越好」的心靈貧瘠

我們活在大量生產和消費的現代社會裡，自然而然地深信「擁有的東西越多越幸福」。無意中養成「物品減量代表寒酸、貧乏和危險，大量擁有等於豐饒、富庶和安全」的價值觀。

因此，人們總是習慣找理由添購新東西，增加物品數量。**因為過度持有成為一種預設值，近年零雜物生活和減法生活才會備受矚目。**

如果沒有意識到自己的購物行為，就會忍不住採買、補貨和過度擁有。

只顧著享受當下

現代人生活忙碌，光是應付眼前的事就已筋疲力盡，忘記未來的路還很長，必須訂定長遠目標。無論遇到什麼問題都不會深思熟慮，只求能夠馬上應對的緊急措施。

即便不是如此，人本來就不容易對未來的事有具體想像，只能用衝動回應周圍發生的事。**所有人都想要簡單迅速地解決問題，這種急於見到成果的速食心態增加了購物機會。**

當東西越買越多，自然不會有多餘的錢儲蓄。無法儲蓄，將來孩子升學或退休養老就會資金不足，勞苦憂愁。這時就要拉高視野，客觀俯瞰人生規劃。

也有許多人即使內心在意卻刻意不去思考，選擇衝動的生活方式。沒有明確的人生目標，就不會思考五年、十年或二十年後的生活，只求現在開心就好。

什麼都能平價取得

與我年輕時相比，現在市面上的商品變得更便宜了。快時尚登場後，能以較低廉的價格購買服飾，生活百貨的日用品能以沒有負擔的價格購入。除了平價的生活百貨之外，也有其他好買的生活雜貨店。

加拿大的一元商店美元樹（Dollar Tree）類似日本的百圓商店，販售的都是一些容易壞掉，外型也不好看的商品，真的就只值一美金。不過，我已經好幾年沒去美元樹了，不知道它們現在變得怎麼樣。

比起美元樹，日本百圓商店的商品品質高、種類豐富，雖然我不會買，但在店內東看看西看看就覺得很開心。日本到處充斥著品質尚可、價格便宜，外型又可愛的商品，即便手頭不寬裕的人也能開心購物。

購物更方便

現代人最喜歡簡單迅速的東西。消費者的目光容易被便利小物和創意商品吸引。前所未見的創意商品具新鮮度和話題性，容易勾起購買欲。所以商人為了讓消費者消費更多的生活必需品，開始大量製作能滿足特殊需求的利基商品。

利基，指的是某個極小眾的特定市場，而回應這些特定客群的商品就是利基商品。日本企業擅長製作講究細節的商品，這些企業夜以繼日開發、製造和販賣讓生活更便利的商品。

光是一個簡單的煮蛋計時器就五花八門。大型生活商店裡販售的煮蛋計時器以半生、半熟和全熟等蛋的熟度來區分，亞馬遜上也有類似的商品。例如，把計時器和蛋一起放入熱水後，機器外圍會開始變色，透過變色的範圍就能了解蛋現在是半熟還是全熟。

這個工具乍看之下方便，但是為了檢查計時器的變色狀況，必須一直看著鍋子。還不如一開始在鍋內加入固定的水和雞蛋數量，用普通的計時器反而更簡單。只要多試幾次，就能掌握半熟蛋和全熟蛋要煮幾分鐘了。

喜歡新鮮事物和追求方便的人，對於此類商品樂此不疲，還能在社群媒體上炫耀「我買了很特別的東西喔」。

購物方便也是助長消費的原因之一。台灣是個非常便利的國家，想買東西只要走到路口，不但到處都是便利商店，還有許多平價生活商店和超市。乾淨明亮的店面陳列美好的商品，還有親切的店員。

新冠疫情的影響下，網購到達前所未有的普及。不用出家門就能隨時訂購喜歡的商品，快則當天，慢則數日後就會收到。大型電商平台也導入在家試穿機制；尺寸不合即可退貨。

琳瑯滿目的商店種類，加上購物步驟十分簡單，有空的人可以花好幾個小時盡情購物。

沒有從小培養正確金錢觀

我們從小學習各種知識，卻沒人教導理財方法。最近市場上出現了專為兒童設計的投資講座，但是在增加金錢之前，應該先學會的是正確的金錢觀。

多數家長不太會教孩子處理金錢的方法，最常說不要亂花錢、要存錢。**但是，錢要使用和流通才有價值，只會存錢不是一種恰當的理財方式。而且若將身上所有錢都存起來的話根本無法過活。**

由於沒有從小培養正確的金錢觀，孩子就會耳濡目染，被父母的花錢方式影響。當父母無法好好理財，經常衝動購物時，孩子便會有樣學樣，養成糟糕的購物習慣。

購物行為最重要的原因之一就是滿足心理需求，最典型的就是購物紓壓。心理需求形形色色，逐一了解這些心理狀態會產生很大的行為差異，下一節將為大家細細解釋。

3 購物行為背後的心理需求

我們經常透過購物解決情緒問題，用物品和欲望填補內心空洞。以下介紹六種心理需求：

同溫層的期待與壓力

「想跟大家一樣」的心理狀態，讓人們會透過購買相同物品，向周遭宣告我跟大家是同一國的。

人無法離群索居，所以努力獲得群體認同很重要。**如果失去自信，或是沒有明確的自我觀點，就容易陷入衝動購物的陷阱**。有時，人們也會因為同儕壓力而購物。同儕壓力是學校或公司等團隊賦予的無形期待，就像「因為大家都在加班，所以我不敢準時下班」。

買東西也一樣。幾個朋友一起逛街時，自己其實不想買某樣東西，但如果有人說：「你也一起買嘛，我們用一樣的。」為了不讓場面尷尬，即使不需要也會跟著買。

想和別人不一樣

我們一方面想和大家步調一致，一方面又不想跟別人一樣，想稍微與眾不同。因為只要比他人稍微顯眼便能獲得眾人的目光，獲得「好厲害」的評價，是一件開心的事。因此，人會搶先購買最新產品或流行服飾，引人注目。

這種情況下，比起對商品的需求，當第一個購買者才是最重要的事。流行服飾或飾品，會不斷推陳出新，所以即便之前買的東西還很好用卻又會買新的。

想引人注目的心情會助長只為了滿足虛榮心的購物。也有 Instagram 等社群媒體的使用者，為了讓自己的私生活看起來更美好而購物，就為了得到網路上的關注和追蹤人數。

比起窮酸破爛的房子，每個人都想呈現美好的一面吧。這種心態就很有可能為了迎合社群媒體認同的生活而東買西買。

當自信感低落，甚至是陷入自我厭惡時，就想用物品武裝自己，對外打造自己擁有美好生活的人設。

想解決負面情緒

購物是最適合療癒負面情緒的活動。零售療法（Retail Therapy）指的是人通過購物來自我調節、釋放壓力和緩解負面情緒的方法。這個詞充分說明了購物已成為許多人的療癒方式。

大腦喜歡獲得新東西的感覺，購物時會釋放多巴胺等神經傳導物質，讓心情愉悅。所以，購物是最輕鬆愉快的休閒娛樂。而且現代社會的購物門檻很低，當人出現好無聊、孤單寂寞、超焦躁、好累、不安或是煩死了等負面情緒時，就會用購物來振奮心情、排解壓力。

廣告詞常常會說「犒賞努力的自己」，其實這也是一種零售療法的話術。

念書或工作都很辛苦，但也能從中發掘喜悅。只要開心大於痛苦，某種程度上再辛苦都能忍耐。當負面情緒大量產生時，痛苦指數就會倍增，這時就會頻繁購買慰勞品。最後，家中逐漸囤積買回來的物品，居住空間淪為一座倉庫。

不想吃虧的心態

比起獲得的喜悅，人類對於失去的痛苦感受更強烈，因此我們會對損失格外敏感，想盡辦法不吃虧。

大腦的這種傾向會加速購物行為。喜歡在特賣會買東西的人，大多不是真心想要那些東西，而是強烈認為現在不買就虧大了。冷靜思考就知道，不管價錢再低，只要買了不需要的物品，支出就是損失。

但是只要聽到「昨天還是五千圓的東西今天賣三千八百圓」，注意力就會集

中在降價的一千兩百圓，絲毫不顧白白付出的三千八百圓。

商人很清楚消費者討厭吃虧的心理，一年到頭舉辦各種特賣。就算不是週年慶，也有限時特賣，將大幅降價的主打商品陳列在店裡最顯眼的地方。因為我們看到特價品就會直覺認為「賺到了！」、「不買就虧大了！」

逃避現實

購物有時也是逃避的手段之一，這一點在Part 2的金錢羞恥會有詳細的解說。當我們有事必須處理又不想面對時，把時間用來購物就不用面對了。因為購物是一種費時費力的行為。

這跟我們在考試前會突然想整理房間是一樣的狀態。不想思考家裡問題的父親，會把全部精力投注在工作上，也是種逃避現實的行為。

用購物逃避問題大部分是無意識的行為。我有段時期也是如此，面對非處理不可的事情時，就會花大量時間去逛平價服飾網站或是介紹便宜情報的部落格。

在這種情況下購買的衣服幾乎都成了衣櫃裡的過季囤積品，幾年後就是面臨被丟棄的命運。

這些衣服是為了轉移注意力而不是我迫切需要才買的，理所當然就是種無用消費。

享受無所不能的錯覺

人在購物時會覺得自己擁有力量。用自己的錢買喜歡的東西帶來一種自控感。這一點跟開車很類似。有些人開車時會性格大變，或是挑釁其他駕駛者，或是對超車和開慢車的人罵髒話。

因為開車時不論方向還是速度都能按自己的意思決定，讓駕駛產生一種無所不能的錯覺，覺得自己比旁人更偉大。

購物亦然。盡情購買喜歡的東西果然也會予人一種無所不能感，加上進入實體店面，店員還會像僕人一樣服侍自己。平常越缺乏自信、容易低聲下氣的人，越會想透過購物確認自己的存在感。

希望事情能照自己的想法進行是人之常情，因此有許多人想藉由購物行使自己的力量。

政府為了防止新冠肺炎擴散，實施三級警戒前，人們搶購囤積衛生紙就是一種想要控制狀況的心理表現——就算無法出門，我也還是能自由購物。購物行為能讓人覺得狀況在我掌控之中，人們便不斷囤貨。諷刺的是，這些人反而才是被眼前的混亂狀況控制的人。

4 我也曾是剁手族——筆子的慘烈經驗

儘管我前面洋洋灑灑寫了這麼多大家拚命買東西的理由，一副很了不起的樣子，但過去的我就是衝動購物下的受害者。

我二、三十歲時瘋狂購買衣服、居家雜貨和書籍，堆滿屋內。某天我終於受不了這麼多東西，才開始轉為簡單生活。當時我把大部分的薪水拿去購物，最終成為月光族。如今想想，實在愚不可及。

沉溺於消費成癮的幸福錯覺

我當年會不斷購物是源於以下四個原因：

原因❶ 閒著沒事做

最大的原因就是沒事做。因為沒有其他想做的事，所以把時間花在買東西上。當時工作雖忙，但下班後沒有運動習慣或發展其他興趣，所以我會在回家的路上順道去逛百貨公司，看看居家雜貨或服飾打發時間。

我至今依然記得，自己曾在名古屋 PARCO 內看書、逛唱片行和居家雜貨鋪，直到百貨公司打烊。由於當時工作繁忙，所以身心壓力很大。明明累的話快點回家休息就好，但一旦開始櫥窗購物便停不下來。**逛街時心裡想的是「得早點回家才行」，所以當下不是真的開心**。

我也常去名古屋車站旁的 KIDDY LAND，那是間販售可愛角色周邊和花俏雜貨小物的商店。店裡每一樣可愛又繽紛的商品完全吸走我的目光。只要看到稍微不錯的東西，我就會買回家。筆記本、原子筆和餐巾紙等，每件小物的價錢都平易近人，很好入手。

雖然現在的我覺得角色的周邊雜貨其實要價不菲，但是我當時的薪水都是自己花，所以並不以為意。

因為單身又和母親同住，不用做家事也不用帶小孩，公司以外的個人時間可以全用在自己身上……直到後來我成為家庭主婦，有了孩子之後才知道衝動消費的痛。

原因❷ 排解無力感

每當職場或家裡有不開心的事，我就會用買東西舒緩壓力。儘管世事不盡如人意，但只要進到店裡就能隨心所欲，買自己想要的物品。**購物能賦予人一種無所不能的錯覺。當時的我也想擁抱那種短暫且虛無的錯覺，才不會覺得自己無能為力。**

直到很久以後我才懂得反思，原來自己只是照著商人和媒體的指示在購物而已。同時我發覺自己只是因為住在家裡，不用為生活操心才能那樣買東西。

原因❸ 想改變現狀

以前的我覺得繼續上班也無法出人頭地，等到年紀大了，就會像破抹布一樣被公司用完就丟。我對現狀不滿又不安，自顧自地對社會感到幻滅，簡單來說就是過得不幸福。

因此，當年的我選擇用購物來迅速獲得幸福。物質上缺什麼，我就用購物填補那個空洞，讓自己更快樂。因為我只懂用購物這個方法。當時的我無法清楚描述這種心情，卻下意識覺得「購物＝幸福＝自我實現」。

多年後我才恍然大悟，買東西並不會讓自己改變，只會讓荷包縮水，空間內堆滿雜物。購物的當下感到安心，買回家的東西就直接放進抽屜和收納盒裡，每樣物品都沒有好好使用，真的非常浪費。

原因❹ 沉迷於興奮感

購物會讓人愉悅，因為是一種獲得新東西的行為，激發大腦分泌酬賞系統中的多巴胺。多巴胺是種大腦神經傳遞物質，會給人快感和滿足感。多巴胺會讓人產生動力，做出各種行為。

當大腦判斷「這件事很棒」、「多做一點」時，便會釋放多巴胺，讓人產生幸福感。人為了自我保護、基因延續，只要發現樹上結了新果實或是眼前出現新物種時，大腦就會下令身體去得到它。嬰兒也是因為這種機制，才對新奇的事物有興趣。

得到新東西是大腦喜歡的行為。最新的流行服飾、沒看過的小物、前所未有的新商品、朋友圈內第一個擁有者、限量美妝、新推出的美食、觀光地的名產、國外才有的東西……大腦會對一切新東西有反應。

其實，大腦在人實際購買前的多巴胺分泌量是最大的，因為多巴胺是針對「期待」而產生。**一旦物品到手後，幸福感便漸漸消弭，又會想再買別的東西得到愉悅**。

我就這樣反覆著「買到東西之前的興奮感→購買→興致漸失→又想體驗興奮感→購買→興致漸失」的循環。

贈品曾是我的最愛

我對贈品或折扣品毫無抵抗力，最愛撿便宜。特賣品、福袋、免費小禮物、試用品和雜誌贈品等，免費的越多越好。不是因為需要才買，而是為了感受「賺到了！」的喜悅。這種生活方式讓我無法自拔。

每次拿到免費的東西，我就會覺得「哇～賺到了！」欣喜不已，此時大腦應該也釋放了多巴胺吧。人會希望保留自己的精力和資源（持有物），所以會把不花錢、不勞而獲視為一種理想狀態。

上古時代因為缺乏食物和衣物，大腦非常喜歡不努力就能得到物品的狀況。得到後，大腦便會啟動酬賞系統，釋放神經傳導物質，向本人傳達「做得好，繼續下去」的訊息，人才會不斷重複相同的行為。

然而，現代社會已不是原始時代，我的房間已經充滿各種物品，我卻還是不停收取免費贈品，一看到特價品就下手。同樣的行為經過反覆執行會成為慣性，一旦養成習慣就不會去思考，也不會檢視自己的行為，因而持續購買特價商品。

我有很長一段時間都處於這種狀態，從二十歲開始工作到四十五歲，因為喜歡免費，白白浪費了三分之二以上的人生。雖然我喜歡免費，但不會期待東西便宜又好用。只要發贈品的人說：「免費的，歡迎參考看看。」便會覺得「啊，免費的（^^），拿一下好了」。

回到家，即便東西不好用也會覺得：「免費的品質就這樣了。」相反的，如果很好用的話就會歡天喜地想：「免費的還這麼厲害，真的賺到了！」

贈品廠商也很了解人們對免費物品沒什麼期待，不會在贈品上花太多預算，提供的也就是贈品等級的物品。發現贈品不好用之後，我會花時間和精力思考有沒有其他用途。即使是免費得到的東西，我也希望能將它發揮到極致。

直到實行簡單生活後我才明白，**我根本就是浪費自己的心力和時間，企圖利用本質就是無用的雜物，結果只是徒增垃圾，造成環境負擔**。

我追求的只是「免費得到的快感和刺激」與「賺到的感受」，在得到的那個時間點便已滿足需求，不太會真的使用。畢竟，我本來就沒有使用這些東西的必要，我需要的東西已經很足夠了。

買福袋也是相同的道理。因為覺得價值一萬八千圓的內容竟然只賣三千六百圓，實在太划算了而興沖沖買下，即使裡面裝的是用不著或不喜歡的品項也很滿足，心想「這個和那個滿可愛的，之後應該用得上」，最後就是原封不動地收進衣櫃或抽屜裡。

5

囤貨真的比較划算嗎？

囤貨指的是一次購買大量相同的商品以降低單價。很多人認為這種購買方式很划算，看到日用品和食物特價就會大量購買。**但是囤貨並非一定划算**。

以大量購買可口可樂為例，罐裝可口可樂在自動販賣機一罐要價一二〇圓（十年前我和女兒回日本時的價錢）。假設我們在網路商店以三一二〇圓購入兩箱二十四入的可樂，平均一罐就是六十五圓，是販賣機可樂售價的五四％，乍看之下非常划算。

如果一週喝三罐可樂，一年下來，網購就比自動販賣機便宜了七九二〇圓。只比單價的話，大量購買比單一購買便宜是不爭的事實。然而，大量購買卻有這些問題：

大量購買支出的金額比單價高

販賣機的可樂的確很貴，如果是我會再走幾步路去便利商店買。我女兒回日本時只要出門散步就吵著喝可樂，可以的話，我都會拉她去便利商店買。

大量購買不但不用走遠一點去便利商店，若是網路購物，店家還會幫你送到家門前，省時省錢又省力。不過，與販賣機可樂的一二〇圓相比，買兩箱可樂的三一二〇圓高出二十六倍之多。

大量購買時支出的金額比買單品高，這很理所當然。更常發生偶然在店裡或網路上看到箱裝品項，就會變成突然花三千圓的衝動購物。因為超出原有的日常預算，就必須從其他地方填補這筆支出或是減少了儲蓄金額。

用量增加

一旦家裡大量囤貨，便會不停使用，覺得反正還有很多，多用一點沒關係，越用越不知節制。另一種情況是，因為買太多，不快點用就會過期。食物尤其如此。可樂、啤酒、果汁和瓶裝水，只要大量冰在冰箱，夏天時就會喝太多。即使可樂是以一罐六十五圓購入，喝三罐的話就是一九五圓。如果是在販賣機買一罐的話，喝完就結束了，花費就控制在一二〇圓。下次口渴時喝白開水或麥茶就沒事了。

當超市架上的食物所剩無幾時，大多消費者會失去購買動力。除了三級警戒等等的食物搶購潮例外。超市常把食物排得滿滿的，營造景氣活絡的氛圍，就是為了刺激消費者的購買欲。

除了食物，當家裡充滿某種日用品時，人就容易揮霍亂用。相反的，人不喜歡失去的感受，只要庫存變少，就會小心翼翼地使用。好不容易用大量購買降低了商品單價，但若吃太多或過度使用的話，反而得不償失。

甚至購入不需要的物品

大量購買會讓人不自覺地把錢花在不需要的物品上。很多服飾店會有「第二件半價」的促銷。如果兩件都需要的話當然沒問題，但如果只需要一件卻買了兩件的話，等於多付五〇％在不需要的商品上。

大量購買就是「第二件半價」的放大版。假設你在藥妝店發現自己平常使用的沐浴乳出了大瓶裝，雖然目前需要的是三個月的分量，但考量到買大分量包裝更便宜，於是買了比平常多六倍用量的沐浴乳。

接下來就會發生這些情況，**沐浴乳太多就忍不住一直擠，或是過了好久還用不完覺得很煩。還有可能用一半就膩了，買了其他新產品，浴室就會留下一個沒用完的巨大瓶子。**

明明是為了降低單價購買大瓶裝，最後卻多買了別的沐浴乳，自然就變成多餘的開銷了。

無法應對生活變化

大量購買的另一個問題就是，難以應對新的生活環境。量販包商品上總是標著「超殺折扣」、「破盤大放送」、「驚爆價」等促銷文案，人們只要一看到這些文字便無法冷靜判斷，一不小心就會買下能用一、兩年的衛生紙、果汁、褲襪或調味料等用品。

大量購買就是讓自己背負必須在一到兩年內使用商品的義務。可是一到兩年內會發生各式各樣的事，興趣和生活環境也會改變，失去應對新環境的彈性，最後就容易造成雜貨囤積。

其實，能夠正確掌握自己日用品能用多久的人並不多。因為囤積太多日用品，根本沒機會思考「啊！快用完了，得去補貨才行」這件事。

占空間

大量購買的商品，自然而然會占用太多空間。喜歡一次購買大量食物的人，應該也想要一台大冰箱吧。冰箱是延長食物保存期限的家電。但如果我們購買大量食物，就會把冰箱當成收東西的家具，也就是另一間耗電的儲藏室。

最近，有些人會在家裡放兩台冰箱。一台放食材擺在廚房，一台放飲料擺在二樓，因為覺得要上下樓拿東西很麻煩。如果住處太寬敞，導致出現這種困擾，那麼房子本身可能就是刺激大量購物的危險物件。

大量購買就需要擺放庫存的地方，就會開始覺得「我家好小」、「想住在有更多收納空間的地方」。**然而，會需要收納空間是因為超買的緣故。搬到大房子後，這次換成要支付多餘的房租（房貸）和電費。**

原本是為了減少支出而大量購買，結果整體生活費的開銷卻增加了，還附加之後要處理多餘庫存的麻煩和壓力。

6

購物後衍生的額外消費

買東西要付錢，倘若買的是多餘的東西，之後還會再有支出。無論是付出金錢還是沒有形體的心力，都是無法擺脫的必要代價。

保養費用

擁有一件物品後，為了持續使用都要再花一筆錢。例如買了傳統吸塵器就需要加買延長線，買電子書閱讀器就需要保護套等等。

有時候，我們也會為了配合購買的物品而買其他東西。像是買了一件黑色大衣，結果發現穿起來氣色有點暗沉……此時在雜誌上看到黑色大衣配紅色包包很好看，結果就是多買了一個包包。

物品增加就需要收納空間。有的人可能會想要收納的用具，也有人會覺得家裡變好擠，乾脆搬家算了，結果就是多付了收納物品的空間費（租金、房貸、電費）。

學生時代租的是兩坪多的套房，結婚後便搬到稍微大一點的集合住宅，孩子誕生後則是住獨棟房。人的住處隨著年齡增長和身分不同而升級。**雖然換房時家族成員增加了，但是物品增加的速度比人數更快。我們的生活永遠為了收納物品而支付住宅費。**

最近還流行把錢花在出租倉庫上，也有人付錢學習收納技術。這個時代有很多人試圖整理過度增加的物品，收納產業的市場逐漸擴大。市面上為數眾多的書籍都以丟棄、收納和整理為主題，並且都十分暢銷。

社會上甚至還出現了整理顧問和收納師等教導人們整理的工作，傳授整理術的課程也大受歡迎。擁有過多物品的現代人為收拾而煩惱，所以將金錢用在相關的書籍、課程和服務上。

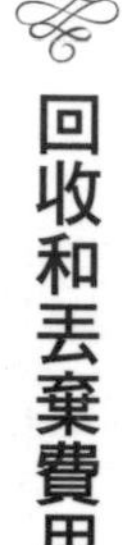

回收和丟棄費用

當我們得到一樣東西後，一邊使用一邊付錢收納和維護，待物品除役後就必須丟棄。**東西越多，要丟的東西也越多，最後連丟棄都需要花錢。**

處理大型廢棄物時各縣市政府的收費比較便宜，若利用民間清運或聘請回收業者則需花費更多金錢。仔細想想，你只是要丟棄對你來說不再有價值的東西罷了。就算拿回原購入商店回收也需要處理費，或是現金折抵後再買一項新品。

持續性的垃圾處理費用

大型廢棄物以外的物品，則是每天要花時間和精力拿去丟棄。**大家或許覺得清潔人員處理垃圾是免費的，但那當然是稅金提供的服務，所以也會用到錢。**

我去東京的朋友家玩時，和朋友聊到垃圾分類的話題。我說名古屋的垃圾分類很複雜，結果朋友回答：「我們這一帶的焚化爐燃燒溫度很高，垃圾分類一點也不複雜，很輕鬆。」

或許真的是很輕鬆吧，但運轉那座威力十足的焚化爐需要錢。而那筆錢也是來自我們的納稅錢。

被物品綁手綁腳

有時，擁有的物品也會成為枷鎖，限制我們的行動，令人很難遠行或搬家。母親曾說她無法離家超過一星期。我弟弟一家人就住在老家附近，所以母親出遠門時可以請弟弟拿信箱裡的信件，也不用擔心庭院裡的樹沒人澆水。

然而，母親還是很擔心小偷闖空門。**人只要擁有大量的物品，就會出現不想失去的心情，對擁有的東西產生執念。這樣的心情會限制人的行動或是做出多餘的舉動。**

我所擁有的物品中真正重要而且不想失去的東西（例如護照），全都可以放進一個小袋子裡帶著走。平常聽我說話的重要玩偶也很小一隻，旅行時也能隨身攜帶。

除此之外的物品就算被偷走或是遇到火災全燒光，對我的打擊也不會太大。我當然不希望它們燒掉，但是我應該能很快看開，覺得「算了，沒關係」。

帶來罪惡感與自卑感

多餘的東西有時必須支付精神上的消耗，例如罪惡感和自卑感。以前，我存了很多捨不得用的貼紙小物，或是買了許多還沒看的書。看到那些還沒看的書或是還沒寫的參考書，都想著總有一天會看完。

每次看到那些買了卻沒在用的物品，都會覺得好浪費。這種被什麼東西追趕的心情，絕對不是正面的情緒。還會自責「明明沒在用，結果又買了這麼廢的東西」、「我又浪費錢了」。**雖然對自己說總有一天會用，直到某天我終於發現「現在不會用，不管等幾年都不會用」**。

我把那些沒用過的物品請女兒幫忙用或是拿去捐贈，卸下了長年重擔，心情變得輕鬆。用隨意的態度購買大量不需要的東西，日後一定會產生不良影響。

那麼，該怎麼做才能停止這些亂買的行為呢？倘若改變金錢觀點，購物方式是否也會不同呢？

Part 2

挖掘新的人生價值觀

1
金錢以外的無形資源

擁有大量物品最幸福的想法，與賺大錢和大量消費的價值觀有關。

除了生命和健康，人們往往覺得世上最重要的東西就是錢。其實除了金錢以外，還有許多眼睛看不見的價值觀，例如生存、生活、特定目標。

不斷購物的結果只是一種消耗。若能將目光看向金錢以外的追求目標，便能從買不停的生活中脫身，也能避免被錢制約的人生窘境。

除了人、物品和金錢這三個最簡單明瞭的資源之外，還有時間、心力、知識和資訊等等。接下來就用具體案例來討論，人生中該重視的資源有哪些。

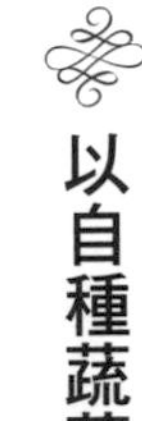

以自種蔬菜為例

自己種的蔬菜比花錢買的更好吃，這是因為蔬菜中傾注了你的心血。例如，你用了這些資源種菜：時間、勞力、體力、工夫、技術（看書自學或是從他人學會種菜技巧和知識）、金錢（家庭菜園的租金、購買種子和園藝工具的金錢）和種菜的場地。

種菜時必需的陽光、空氣和水，你可能覺得是大自然提供，並非自己的資源，但是能夠使用這些大自然恩澤的環境也是一種資源。畢竟，這世上也有小孩住在沒有自來水的房子裡。

如果租借的菜園離住家很遠，週末就必須早起，途中幫汽車加油等等，所有花費的時間、心力和金錢都是資源。如果「在菜園工作的這段時間無法照顧小孩，請先生幫忙顧孩子」的話，先生就是人力資源，這樣的人際關係也是你擁有的一種資源。種菜時用的工具和身上穿的衣服則屬於物質資源。

以歌手夢為例

如果有個住在首都外的二十歲女生想實現歌手夢，她會擁有哪些資源呢？列舉如下：

- ◆時間（為了當藝人而付出的時間）
- ◆資金（去大城市參加甄選或大賽的交通費、服裝費、餐費 etc.）
- ◆健康、體力、年齡和外貌（可愛或討喜等等）
- ◆女性、歌唱技巧、節奏感、行動力、「想成為歌手」的熱情和動力
- ◆有個人 YouTube 頻道、會作詞作曲
- ◆談話技巧、刻苦耐勞、學校和家庭教育、有常識的判斷力、自我管理的能力
- ◆擁有支持自己的父母、能一起討論的朋友、讓自己借住的阿姨

◆既有的各種物品（智慧型手機、電腦、寫詞的筆記本和筆、衣服、鞋子、包包和旅行包 etc.）

若是過去參加過甄選或歌唱大賽的經驗，也是一種資源。和經紀公司簽約的話，經紀公司和經紀人也會成為資源。

珍惜勝過擁有

我們時常擁有許多生存資源而不自覺，因為人們容易視擁有為理所當然，經常處於匱乏的心理狀態。這和人時常把注意力放在自己缺乏或是辦不到的事情上有關。

只要錢不夠用的不安過於強烈，就會購買大量的便宜貨。當餐具和衣服多到自己無法掌握時，便會忘記自己擁有的數量，誤以為「無東西可用」，又買了更多新東西。

當庫存太多時便會如 Part 1 介紹的囤貨困擾一樣，無法將這些物品作為有效利用的資源。

購物時在網路上搜尋最低價商品，就是浪費時間這項資源的行為。看特價傳單，執著於兩百圓的價差，也是浪費時間。因為只要不看特價傳單，就能立刻省下兩百圓了。

為了湊網購免運，努力尋找商品，把價錢算得剛剛好也會浪費時間資源。為了免運而買的東西，之後也很可能不會用。如果只在意錢，就會像這樣亂耗費其他資源，尤其是時間和精神能量。

髒亂的房間令人無法平靜，產生莫名的罪惡感，有些人為了消弭這份不安，又會開始亂買東西。

選擇這種生活方式的人有以下狀況：

- 不清楚自己擁有的資源
- 資源分配不當（雜物囤積太多，花很多時間整理和打掃）

・資源無法活用（忙著購物，沒有心力培養其他興趣）

問題不在於沒有資源而是利用資源的方法。如果誤以為所有資源都是取之不竭、用之不盡的話，便無法善用。

2

無形勝有形的人生積累

小學畢業作文裡，我對老師的一句話非常有印象：「請好好珍惜空氣和音樂這些眼睛看不到的無形事物。」完整的內容我已經忘記了，卻還記得這句話的後面附了一個吹橫笛的插圖。

看到的當下我就非常認同，心想「對啊，沒有空氣和音樂的話，真的不知道該怎麼辦呢。」以此類推，人際關係、愛情、友情、關心、眼光、想像力、悠閒時光、愉快情緒、平靜心情、成就感和自由，全都是無形的。

這些都很重要，但因無形難以捉摸，令人容易將它們的存在視為理所當然。只要生活忙碌，就更難察覺這些事物的美好，轉而追求簡單易懂的有形事物。

我曾經買了許多物品放在房內，覺得只要被自己喜歡的東西包圍就能獲得幸福。**但是，我卻沒有因此滿足。因為，我真正追求的不是那些物品，而是得到物**

品後以為會出現的理想生活。

我試著反思我想要的那種生活到底是什麼，結果其中充滿了許多無形的美好，溫暖的人際關係、愉快的時光、滿足的心情、自由的日子。

越多越好的矛盾

More Is Better 是指「擁有越多，人生越美好」的觀點。奉行這樣的價值觀，人生目標就會變成賺錢至上。**以這種心態賺錢和購物後，人們會發現無論擁有多少金錢和物品，內心永遠無法滿足。**

美國有兩個人放棄了年薪一千萬圓的工作，捨棄八成的持有物，成了極簡主義者，他們是約書亞（Joshua）和萊恩（Ryan）。

如今正為賺錢勞心勞力的人可能會覺得「為什麼要放棄高薪工作？」、「奉行極簡主義、丟掉不需要的東西，是金字塔頂端的人才做的事吧？」

約書亞和萊恩曾經懷抱著美國夢，將大量金錢花在超出自己所得的物品和服務，例如人人稱羨的奢華度假上。最後卡債高築，壓力與日俱增，一直處於不幸的漩渦中。當時的他們認為賺錢最幸福，結果反而陷入不幸。

直到兩人察覺金錢和物品不是幸福的關鍵後，放下了錢越多越幸福的思維，生活變得比從前更加充實。

多數人同意「錢買不到幸福」，卻相信「人生有九成的問題都能靠錢來解決」。有錢能得到各種便利，如果經濟過於拮据，我們也無法如願過著有尊嚴的生活。

然而，一旦秉持越多越好的精神，就會不停購買各種物品：更大的房子、別墅、名車和最新小物，永無止境。因為無法從物品和金錢中解脫，所以不斷像這樣購物卻無法滿足。

人生的目標並不是蒐集數字。所謂充實的人生，不在得到最多的金錢，而是獲取最多的自由。

反思物質欲望下的自由

無形的事物中，自由最受人們喜愛。人們往往覺得有錢便能擁有自由，但我認為一旦開始追求金錢和物品，生活反而變得不自由。

那麼，自由到底是什麼？**定義會隨時間和狀況而有所不同，但我認為只要能隨心所欲就是自由。**

大多時候，人都是不自由的。因為忙碌而無法悠閒睡覺，因為沒錢而無法購買喜歡的東西，因為年紀增長而身體無法活動自如等等，日常生活就是一連串的不自由。即使是超級富豪，看似自由的人也一樣。只要活在群體社會裡，就必須遵守規範。

就算中樂透、繼承鉅額財產、事業飛黃騰達，可以一輩子不用再工作，開車出門還是要遵守交通規則，去超市買東西也要在收銀台前排隊，每年都要繳稅。有錢人也會因為作息不正常，盡情享用美食，結果罹患高血壓，被醫生限制飲食，陷入不自由。

世上沒有完全的自由。自由唯有在某種不自由的狀態下才能成立。理想狀態是，能夠自由去做真正希望或一直想嘗試的事。

若是想要錢、想買東西，賺錢就成了第一要務。那麼，能用在真正想做的事情上的資源就會減少，也就是落入不自由的狀態。如果認為有錢等於自由的話，不就代表永遠都不自由了？

3 金錢與信念之間的微妙關係

即便覺得「我想要更多錢，想要買好多東西」，但都不是我們追求的真正目標。**有時候即使擁有富足的積蓄，生活中圍繞著喜歡的事物，內心也無法滿足。這多半是因為追求的不是自己內心真正的渴望。**

試著探索看看，對你而言最重要的東西真的是金錢和物品嗎？你的核心價值觀和想珍視的事物是什麼呢？

知行合一就不空虛

人有想順心生活的欲求，只要行動和理念一致，就不會產生過多壓力。至少，不會是讓身體狀況變差的壓力吧。因為在堅信的道路上，穩健地朝目標邁進是件開心的事。

相反的，若想迎合社會、文化、媒體或他人的價值觀，便會累積壓力。滿足他人期待的行動會讓自己感到痛苦，最後演變成忍耐和壓抑。

人們之所以會亂花錢，就是想抒發不停壓抑的心情。只要我們盡可能依循自己的價值觀生活，就不會再隨便購物了。

遵循自我價值觀行動，就是珍惜真正重視的事物。值得珍視的事，就是我們打從心底想灌注熱情和精力，能感受到價值與生命意義的事，也是我們真心喜歡的事。

如果你真心覺得東西越多越幸福，每一季都買新衣就是幸福，在特賣會買到便宜貨是人生中最重要的事，就不會坐立不安。那麼無論坊間的整理收納書多流行、身邊出現多少極簡主義者，只要與你想珍惜的生活方式不同，就與你無關。

如果，你對自己現在的行為坐立不安，購物後感到空虛的話，很可能就是誤將他人的信念，當成了自己的生活方式。

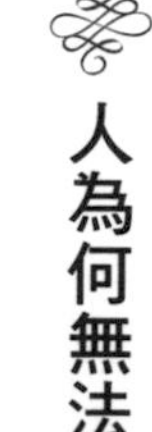

人為何無法隨心而活？

生活方式和價值觀背道而馳有兩個主要的理由：

①不知道、不了解，從沒思考過自己重視什麼

②沒有審視過自己在意的究竟是什麼

如果不曾思考過自己的價值觀，或是將成長過程中自然而然養成的價值觀全盤接收，很容易因為做自己不想做的事而渾身不舒暢。**只要稍加思考，就能修正生活軌跡，珍惜核心信念。**以下列舉一些大多數人重視的事：

◆備受肯定、愛人與被愛

◆遊歷各地、贏得勝利、功成名就

◆獲得稱讚、家庭和睦
◆珍惜家人、完美做好一件事
◆累積知識、追求美好
◆寧靜的生活、慷慨助人、悠然自適
◆成為有錢人（物質上的成功）
◆成為領袖、細心鑽研、大量蒐集物品、誠實
◆走在流行尖端、挑戰新事物
◆自由、善良、名聲、社會地位
◆創作優秀作品、愛護動物和大自然
◆做好工作、改變社會、成長進步
◆健康、維持自己的步調、開好車（喜歡機械勝於人類）
◆自尊、友情、不造成他人麻煩、信仰

其他還有許多。什麼是你想珍惜的事呢?請像這樣將心裡所想直接寫出來。如果沒有任何頭緒，也可以試著回想過往經歷中最令你印象深刻的事。

將特別開心、充實，或是傷心、痛苦的事寫出來，問自己為什麼會有那樣的感受。只要找到造成這些感受的源頭，便能釐清自己重視的事物。

如果覺得「家族旅行很開心」的話，便可以知道你認為與家人和睦相處，與他人一起行動、移動、前往未知的土地是很重要的事。

探索時最重要的，是盡可能對自己誠實。重視的事物無所謂「好壞」，不需要批判自己。

探索的過程中可能會對自己狹小的器度感到不耐，儘管如此，也請冷靜如實地一一寫下來。

找出核心信念

釐清幾件自己珍視的事物後，請從中挑選三項核心價值，也就是自己最不能妥協的部分。

我的三項信念如下：

①活得誠實（我只要一說謊，心情就會非常差）

②簡單生活，不貪心

③親切待人

其他還有和周圍的人相處融洽、生活安定和健康等等，但只要能達到前面三項，我就不會那麼有壓力。

請寫出三到五項，只要能做到就覺得幸福的事，那就是你的人生依據。知道自己珍惜什麼，生活中只要盡可能依循這些信念，每天都會很開心。

你可以把這些事寫在日記或筆記本上，迷惘時好好確認自己的行事風格是否符合核心信念。

4 決定行為的優先順序

即使明白自己重視什麼，也需要經常調動行為的優先順序。

以住在東京的ＯＬ為例，她基於愛護動物的信念決定不吃肉。這名ＯＬ對環保也有興趣，想實踐零廢棄生活。然而，如果因為想保護動物而不用皮鞋、皮包或皮帶等製品，就只能使用提煉自石油的塑膠製品。

雖然也有帆布托特包和日式布巾包等布製品選項，鞋子改穿稻草編織的草鞋，皮帶則用腰繩替代，但在大公司上班，實在不適合穿草鞋吧。

所以她只能選擇合成皮革的包包，但改用控制數量的方法，一個包包用到底，避免隨意丟棄，製造多餘的垃圾。此外，為了減少塑膠垃圾，她決定實行無塑生活，也考慮參加撿垃圾的志工行列。

像這樣，我們將核心信念一視同仁時，會出現利害衝突。此時只要配合狀況

決定優先順序，維持信念間的平衡就好。

在任何情況下，只要意識自己最重要的目標，便不會迷失自我。

三步驟決定排序

接下來將介紹決定優先順序的步驟。

步驟❶ 辨認最重要的事物

首先，請思考你心目中理想的人生樣貌。決定家事或工作任務的優先順序，最終目標是為了讓人生更美好，而不是為了每天洗更多的碗。

與思考價值觀時相同，請思考你想過什麼樣的生活。是身體健康，長命百歲？還是家庭和睦？盡可能存錢？送小孩進大學名校？想一個人歲月靜好？以自己的步調過簡單生活？抑或是工作步步高陞？

每個人的理想人生不同。請確認自己人生中唯一不能讓步的事，也是人生的

終極目標。理想的生活不該只有一種，不管有沒有可能實現，把心中想法直接寫在紙上。

以長遠的眼光寫下十年後、二十年後和三十年後的樣子。為每天的任務決定優先順序時，以步驟一作為衡量標準。

步驟❷ 釐清花費時間和精力的事物

需要花費大量時間、體力和思緒的事，就是你目前視為第一優先的事。大家可以試著將日常做的事項列表，了解自己將時間用在什麼地方。將每天做的事寫下來，化為具體可見的內容。

我會在便利貼上寫下每天要做的事，製成待辦清單。便利貼上同時寫下所需時間，以十五分鐘為單位，貼在標記好時間的厚紙板上。這樣便能清楚掌握時間分配。

每月一次檢視行程表，思考花費時間與優先順序是否成正比，你是否更接近理想中的生活。許多人將不用做的事也放入行程表裡，忙得團團轉。將每日做的事寫下來後，果斷停止不用做的事。只要篩選出重要的任務，便能將更多精力投注在真正想優先的事物上。

步驟❸　重要的事就算不急也要做

史蒂芬·柯維（Stephen R. Covey）博士的名作《與成功有約：高效能人士的七個習慣》（天下文化）講的是成功哲學，也是人生哲學，書中將人們的工作分為四種：

①重要又緊急的事
②重要卻不緊急的事
③不重要但緊急的事
④不重要也不緊急的事

柯維博士表示，想要人生過得充實，就必須做「重要卻不緊急的事」。例如鍛鍊體力、建構人際關係、為想做的事做計畫準備、放鬆身心等等都很重要。

這些都不是今天非做不可（緊急的事），但以長遠的眼光來看卻都是重要的事。整理房間、充分的睡眠雖然都不緊急，但現在不做的話日後都要一一償還。

我每天都會晨跑。自從開始晨跑後，我不但很少感冒，也提升了自我肯定感。我已經晨跑了十二年，一開始我是利用白天的閒暇時間散步。散步時我常常在想，只是走路好浪費啊。然而，健康對我而言意義重大。一天七十五分鐘的晨跑之於我就是雖然不緊急卻十分重要的任務。

為了實現理想生活，請積極將這些雖然不是迫在眉睫卻應該做的事排進行事曆中。越是覺得整天瞎忙，越應該做對自己而言重要的事。**想改變忙得焦頭爛額的現實，就必須去做現在沒做的某些事，也就是「重要卻不緊急的事」**。

每週開始前思考當週要做的事，結束後也要確實回顧和審視自己的時間分配。釐清優先順序後，建議一次只專注做一件事，不要一心多用。

人的大腦一次只能處理一件事，即便你覺得自己一心多用，其實只是大腦迅速地將注意力從一件工作轉到另一件工作上罷了。

一心多用不但會對大腦造成負荷，每件工作也變得不上不下，容易出錯。平常習慣一心多用的人請試著一次做一件事，你會發現自己更專注，事情進行得更順利，也更有成就感。

5 減少金錢壓力

人的大腦成天想著錢不夠、賺更多的想法。但是一天到晚想著錢，金錢狀況卻不見起色。**即使對儲蓄或投資不上心，每當購物時總是會考慮錢的事，感到心情沉重。**

人的時間、體力和精神能量都是有限的。用這些珍貴的資源去思考金錢問題實在可惜，過去的我經常如此。

想再多也沒用，不如不想

「真想變成有錢人～」

「老年貧窮也可能發生在自己身上……」

「以後得了帕金森氏症，把銀行密碼和其他東西都忘了怎麼辦？」

「（看到新聞媒體上的富豪排行榜、平均年收）真羨慕有錢人。」

「（網路購物時）一條內搭褲五十加幣不會太貴嗎？」

「（看了分享儲蓄方法的部落格）蛤～這麼麻煩，我做不來。」

「（嘴裡吃著堅果）堅果怎麼變這麼貴？」

這些思考金錢問題的時間，對實質增加財富毫無幫助，白白浪費時間。若是憂思過度形成壓力，反而得不償失。所以我決定丟掉無謂的擔心，如今已經不會被金錢憂慮困擾了。

讓思考更有建設性的方法

為了避免白白浪費時間和精力，我提醒自己要有建設性的思考。以下是我嘗試的三種方法：

① 換一種方式面對金錢的不安全感

◆不安浮現時，有意識地感受這個事實

內心自然湧現的情緒若是勉強壓抑，日後一定會反彈。每當心中冒出「真想變有錢～」或是「堅果變好貴」的想法時，我就開始想：「啊！我又在想『變有錢了』。」要客觀看待自己不安的內容。

◆每天早上將腦中的想法寫出來

當我對金錢感到惴惴不安時，會將擔憂寫滿筆記本。

◆思考「應該怎麼做」

當內心出現「我沒錢植牙」或是「這樣下去我就要變成下流老人了」的想法時，我會思考「那該怎麼辦？」接著一點一點嘗試自己現在辦得到的事。

思考若只是停留在不安與煩躁的情緒上，現狀永遠不會改變。為了解決問題，即使是小事也付諸實行，便能向前邁進。

② 開始基本理財

從前的我不清楚自己到底有多少資產，所以決定先從掌握收支開始。**我將日常花費和用途輸入 Google 試算表，只是記錄就能意識到自己的花錢方式。**

③ 吸收有用的理財資訊，實踐於生活

我買了兩本關於記帳的參考書，《正確的記帳管理》（暫譯，日本 WAVE 出版）和《月薪兩萬二也要存到錢！》（三采文化）。我盡量挑選適合初學者的內容，這兩本的作者都是理財顧問。

《正確的記帳管理》的書腰寫著「獻給一直對記帳和市售記帳本感到挫折的每個人」。其實，對我這個從來沒記過帳的人來說，門檻有點過高。

不過，作者有個觀點我很有共鳴，他說「記帳管理的目的不是為了省錢，而是讓我們能把錢用在有價值的事物上」。另外，我也很認同書中所提的「記帳是

用金錢流向呈現我們的價值觀」。

我帶著對未來的期許，看了更好懂的《月薪兩萬二也要存到錢！》。因為內容十分平易近人，我也嘗試了自己可以做到的記帳方法。

我配合自己的習慣，以這兩本書的理念為基礎，改良記帳方式。**我之所以願意像這樣看書、不斷嘗試，都是因為捨棄物品、清空腦中思緒後的效果。**

在此之前，我就算看了所有打造簡單生活的書籍，遇到記帳和金錢相關的章節也都覺得與我無關，直接跳過。

我花了兩年多的時間，從對理財毫無概念的隨便人生，到能每天認真記錄開銷、掌握自己的收支狀況，並時常檢視花錢方式。**建議大家不要一口氣將門檻拉太高，從簡單的事情逐步累積就好。**

掌握自己的收支狀況後就能脫離金錢不安，大幅降低心理壓力。

6 察覺金錢羞恥（Money Shame）

坊間充斥著改善生活開銷的方法或資產配置的資訊，還是有許多人為金錢煩惱，壓力纏身。**無論汲取多少如何管理生活費的資訊，若對金錢有錯誤迷思和價值觀或不當的觀念，便無法理財成功。**

美國的理財教練譚美・萊利（Tammy Lally）將關於金錢的不當價值觀稱為「金錢羞恥」。譚美說，每個人都有金錢羞恥。這種想法奠基於童年習得的金錢觀，有強烈金錢羞恥的人會覺得自己做人失敗，所以沒有人會愛自己，無法成為群體中的一分子，並伴隨痛苦的感受。

人們因為金錢羞恥而認定自我價值取決於金錢後，只要沒錢就會感到丟臉。

相反的，若能擁有龐大資產，自我價值感便會提升，覺得一切都會很順利。

金錢羞恥引發的弊害

譚美表示，金錢羞恥會引發下列狀況：

- ◆購買負擔不起的名牌或車子
- ◆每個月經濟拮据，薪水左手進右手出
- ◆不管花多少錢都要擺闊（在意他人的眼光）
- ◆即使有錢心靈也不滿足，無法開心
- ◆對花錢有罪惡感
- ◆明明有卡債卻不停買東西
- ◆對金錢異常敏感，非常在意物品價格、他人收入
- ◆經常幫家人或朋友付錢
- ◆沒有財務困擾卻總覺得錢不夠用

有強烈金錢羞恥的人會企圖用其他事物麻痺自己的痛苦，像是過度的忙碌、暴飲暴食、沉迷遊戲、看書、服藥、酗酒、在意社群按讚數、不停追劇看電影、熱愛線上購物，或是性行為和戀愛成癮等等。

在這個有網路的便利時代，有數不清麻痺自己的手段。

問自己「為什麼？」修正觀念

我們只要對金錢羞恥有自覺就能擺脫束縛，不要隱瞞或逃避，而是直面問題。即使在金錢上有過失敗的經驗，像是背負鉅額負債也不要隱藏，承認失敗，寬恕犯錯的自己，便能從失敗中解放。

有些人在不知不覺間被金錢羞恥控制，觀念扭曲。內心深處覺得「有錢＝幸福」或是「有經濟能力的人＝完美的人」，便會根據這樣的價值觀行動。

因為金錢羞恥作祟而拚命賺錢、即使是一塊錢也想從他人身上多撈些油水或是用昂貴的物品打扮自己，企圖以這種方式獲得幸福。

人們有時候也會因為金錢羞恥踏入錯誤的婚姻。三十年前有人會在結婚條件上提出三高：高學歷、高收入、身高。過去認為高學歷代表高收入，三個條件中有兩項是從金錢觀而來。

注重收入和工作是人之常情，但也該考量對方的人品以及兩人的個性是否合得來，否則婚後生活也不順利。如果以三高為優先條件，婚後生活不幸福，是因為錯誤的金錢觀導致判斷出錯。

想避免這樣的錯誤就要釐清問題，找出造成這種局面的根源價值觀，原諒犯錯的自己，從金錢羞恥中解放。

房間髒亂與購物癖都是錯誤的物品價值觀所造成的。思考當初自己是基於什麼觀念而有這種行為是非常有意義的事。

世上有千百種價值觀，擁有什麼價值觀是個人的自由。然而，如果那是在不知不覺中內化的錯誤觀念，就應該梳理出那份迷思並加以捨棄。

我的金錢羞恥

曾經沉迷於購物的我也有金錢羞恥，那就是逃避理財。我本來就對數字沒概念，討厭思考錢的事。

從前的我認為談錢很俗氣，這種想法源於我認為「錢很骯髒」。直到今日，我還是不喜歡報稅這類跟錢有關的作業。由於我不喜歡想錢的事，就變成一個對理財毫無概念的人，導致戶頭見底。

當時的我沒有記錄收支狀況的習慣，也覺得就算知道自己沒錢，也改變不了什麼。陷入一種即使不安也不想改變的負面循環。

後來，我在走向簡單生活的過程中，決定認真管理金錢這項重要的資源，一步步面對金錢問題後，存款也漸漸增加了。

7 匱乏心理VS豐足心理

想著自己擁有很多是減少金錢壓力的有效方法，我將這個方式稱為「豐足心理」。這是一種我擁有很多，完全不用擔心的思考模式，將注意力放在自己辦得到的事情上。

豐足心理的反義詞是匱乏心理，會將焦點放在自己不足或是辦不到的事情上。**以匱乏心理過日子會加深金錢壓力，即使物質欲望已經滿足，還是會忍不住消費。**以下進一步說明。

什麼是匱乏心理？

一不留神便會覺得凡事不足，感到匱乏。你是不是常說下列這些話呢？

◆時間不夠
◆錢不夠
◆（煮飯的）材料不夠
◆人手不夠
◆收納空間不夠

我也是從柯維博士的《與成功有約：高效能人士的七個習慣》才知道這種思維。書中提到，「若將時間、金錢和幸福等看作是世上唯一的大餅，便會產生匱乏之心理」。

如果有人吃了一大口，剩下的分量就不多了。因為要和其他許多人爭奪這塊唯一的餅，便會覺得不夠。

若以「自己VS他人」這種角度看事情，就會感到不足。假設我們有個經常瀏覽的部落格，作者會在部落格中公開自家的生活收支，分享儲蓄方法。有篇文章寫道「這個月先生拿到了大概兩百萬圓的獎金，真是開心。」

冷靜想想，素昧平生的部落客家裡就算匯入了兩百萬圓，也不會對我們的生活產生任何影響。

大多數讀者會覺得羨慕，不公平或是難過。但是感到高興的人應該寥寥無幾。**這是因為人習慣用比較去看事情，別人拿得多了，自己就少了。**

有些人即使不和人相比，仍會自顧自地覺得什麼東西都不足，心態彆扭。明明很幸福卻杞人憂天，成天想著不可能永遠幸福，以後一定會發生不幸。

古人云：「夫禍之與福兮，何異糾纏。」禍福相依，人人都有得意與失意的時候。有些人卻會在幸福時擔憂可能會到來的不幸，面臨不幸時則一蹶不振。會有這種反應，也是因為把幸福當成了被分食的大餅。

我再舉一個匱乏心理的例子。假設我們身上發生了一些不好的事，例如丈夫失業、孩子落榜、自己面試失利、母親罹患失智症等重大變故，接二連三襲來。

此時看到其他人幸福美滿的樣子，內心開始埋怨「為什麼只有我這麼辛苦？」、「都是別人拿走太多幸福，我才會沒有福氣。」

金錢不過是種共同幻想，只是因為人們相信「這張紙有一萬圓的價值」才產生出價值，幸與不幸這些無形的東西也不會變成一塊大餅。之所以覺得匱乏，都是錯誤的觀念所致。

匱乏心理與豐足心理的差異

接下來，我將用四個部分說明兩種心理狀態之間的差異。

❶ 侷限與可能

匱乏心理的人經常將注意力放在侷限上，覺得金錢、時間、得到的愛、機會和能力都不夠。容易覺得事情達到極限，再也無能為力，沒有絲毫發展空間。

相反的，只要抱著人生很富足的想法，就會覺得自己擁有許多資源，將目光放在未來的可能性上，所以擁有富足想法的人會財源滾滾。

❷ 被動與主動

對得失斤斤計較的人，容易受外在情況擺布。像是買東西不是因為有需要，只是因為有特價。

雖然想買A，但因為沒打折，所以只好自我妥協，買了B或C。這種行為看似基於自己的意志，其實是被賣方的促銷牽著鼻子走。

覺得自己擁有很多的人，會誠實購買自己想要的東西。儘管那樣東西有些貴，但因為是真心想要，購買後會產生強烈的滿足感。

擁有的不夠，就會想要避免吃虧的處世之道，也無法盡情投入自己喜歡的事物，不是嗎？

❸ 維持與變化

有匱乏心理的人會因為害怕改變，本來已經不足的東西會越來越少，所以偏好維持現狀。這種人無法丟棄抽屜裡大量的毛巾，或是收納盒裡滿滿的T恤和毛衣。因為匱乏，所以想大量擁有。即使沒用過的東西也一樣。

另一方面，豐足心理的人會覺得我有好多毛巾和衣服，沒在用的東西就捐出去吧。抽屜裡騰出空間，不但東西取放自如，更容易找到要用的物件。家事變輕鬆後，空出來的時間可以用來念書或是發展興趣，日子過得更充實。多出來的時間可以烹調稍微精緻的菜色，晚餐時家人的反應也很不同。

只是捨棄毛巾或衣服的小小改變，匱乏心理的人打從一開始就拒絕這樣的變化，嘴上說著丟掉沒用的毛巾太浪費了，卻用另一種更浪費的心態過日子。

❹ 仇恨與喜悅

即使做同一件事，匱乏心理與豐足心理的人心境也不同。

以照護志工為例：豐足心理的人會坦率地感受到喜悅，覺得幫助別人很高興；匱乏心理的人則覺得白白工作很吃虧，連聲謝謝都沒有，心生怨懟。因為內心沒有餘裕，才會覺得：「我都這樣努力工作了，至少該跟我說聲謝謝。」

匱乏心理的人時常想從他人身上多拿一點、多收一些、多搶些什麼以填補那

份不足；豐足心理的人則會覺得我擁有很多，分一些給其他人吧。

內心匱乏，生活也會變得貧乏，金錢壓力也跟著變大。

前面我們談了許多超越金錢的價值觀和心理狀態。接下來，Part 3 會告訴大家改變購物習慣的方法。

Part

3

六大方法
改變購物習慣

1 重新審視購物習慣

為了減少亂花錢和衝動購物的頻率以節流省錢，第一步就是要重新審視自己購物的習慣。購物也是一種生活習慣，每個人都有自己的行為模式。找出問題，加以修正，重建更好的購物觀。

網路常有「一年存下一百萬圓的購物習慣」、「必學的×個存錢法」這類的報導。模仿好的生活巧思或訣竅雖然有效，但每個人的成功模式不同，所以也無法輕易就存到錢。

因為成功者不多，每年才會都介紹一樣的方法。**要模仿個性、生活環境與自己不同的人並不簡單，甚至還有可能因為無法順利執行而感到自卑。**比起一味模仿，掌握自己目前的購物傾向，一步步修正才有更好的效果。

用「物品清單表」掌握購物習性

從調查自己身邊物品的內容和數量開始，是最快了解購物傾向的方法。**研究之後會發現，家中有某樣東西數量特別多，或是其實很少用，卻不小心手滑就買回家的物品。**

我以前最常買衣服、書和文具；我女兒比較常買內搭褲、洗手乳和蠟燭這一類物品，幾乎完全不買書和雜誌；我先生則最愛買垃圾袋、保鮮膜和鋁箔紙等日用品，以及枕頭和室內拖鞋。

親眼確認目前的持有物品有哪些，將品名和數量記下來。全部列表會很辛苦，可以先從數量特別多以及想知道自己最常買的東西開始梳理。時常網購的人可以瀏覽購物紀錄，最近許多網路商店的購物紀錄還有附圖，一目瞭然。

我們習慣購物這個行為，卻對買完的物品很健忘，才會不停購買類似的產品。學會把物品列表，自然而然就會知道該買什麼、不用買什麼。

完成物品清單表後，請思考自己為什麼經常購買它們。

過去的我之所以經常買書，是因為從小就喜歡看書和逛書店的習慣；我先生經常購買日用品，是因為每次看到超市或藥妝店打折就會失心瘋，典型的愛搶便宜的類型。

用「購物日記」掌握購物模式

每次購物時，將品項、時間、地點、價格和理由記錄下來，可以更精準分析自己的購物模式。記錄方式沒有限制，手寫或使用手機ＡＰＰ都可以。

除了食物之外，我平常只要買東西，就會記錄在 Google 試算表裡。我先設計一份專門記錄購物的 Google 表單，只要物品進入家門就填寫。記住！不是下單日，而是記錄物品進入家門那一天。表單傳送出去後，Google 會自動記錄在試算表中，非常方便。

填寫內容有日期、品項、價格、地點（可將常用店家設成選項，打勾選取）、理由和其他。

最好是以一年為目標，但是可以先設定兩週或一個月的短期目標，比較不會有挫敗感。嫌文字記錄很麻煩的人，可以用拍照的方式，把拍下來的照片統整在一個「購物」相簿裡也很好翻閱。如果還是覺得麻煩，那就將收據收好，遠比什麼都不做來得強。

要記錄所有購買內容很辛苦，建議先從服飾、書籍或點心零食等項目中鎖定一項來記錄。我有段時期非常喜歡吃堅果，所以就先以這項為記錄重點。

只是簡單一個動作，就能看清自己的購物模式。你會發現同樣的東西、地點或時間會書寫或輸入好幾次。例如常去生活百貨的人，記錄上會多次出現大創或 icolor shop；經常網購的人則會出現亞馬遜；還會發現一週去五天星巴克買拿鐵；或是在樂天購物馬拉松和無印良品週間，買了大量看起來便宜，其實都是不需要的物品。

買回來的物品有沒有好好用，還是置之不理？沒有用的原因是什麼？透過這些簡單的問題，都有助於改變購物習慣。**把價格記錄下來，清楚知道年度花費，**

還能算出這些開銷占收入的多少百分比，十分實用。

了解購物模式後，就思考未來想不想用現在的生活方式繼續購物。如果覺得這樣下去不行的話，選定一個最想改變的行為模式，像是「一個月不去便利商店」、「一個月不買零食」等等，接著就進入「三十天不購物大挑戰」的挑戰階段吧。

2 三十天不購物大挑戰

我特別推薦「三十天不購物大挑戰」，這是一項為購物行為設下限制的挑戰。以下為大家介紹實際做法。

持之以恆的十大祕訣

祕訣❶ 決定目標與期限

進行不購物挑戰前，要先設定品項（服飾、居家雜貨、書籍、點心或外帶咖啡）或地點（生活用品店、網購或服裝店）。

因為我已經實行這個方法很多年了，不管是購買的金額和數量都有明顯減

少。簡單來說，第一步就是除了事先定好可以買的東西之外，其他一律不買。

期限請配合實際狀況選擇一週、一個月、三個月或半年。我習慣在年初決定那一年要完成的挑戰規則，實行一年，有時也會加碼單月挑戰，像是「這個月不買書」。

祕訣❷ 制訂專屬規則

具體訂定可以買和盡可能不買的物品，千萬不要把目標設定成「只買必需品」、「減少購買次數」這類模糊的假設，最終都會失敗。

「不購物大挑戰」的目的是為了養成理想的購物習慣，而非完全不買東西。釐清錢的目的和用途，為了在該使用的時刻派上用場。

此外，若是壓抑購物欲望，就有可能在某個瞬間失控，造成亂買。就算有人成功挑戰一年不花錢，但是畢竟是少數，還是務實地從小地方開始挑戰比較好。

我把食物、蠟燭（我有凝視燭火，整理腦中思緒的習慣）、牙齒保健品、送朋友的禮物、衣物和鞋子的替代品、工作必需品（書籍除外）這類視為必買品。

剛開始時，難度設定不用太高，只要稍微努力就能達成即可。條件要是太嚴苛就會失敗，還會產生罪惡感，只會覺得「我果然就是手癢想買！」或是「我就是三分鐘熱度」。

祕訣❸ 新手版「不購物大挑戰」

先從達成率高的項目開始吧！列舉如下：

◆一週找一天不花錢（適用每天買東西的人）
◆一個月不去便利商店和生活百貨
◆一個月不買餅乾或巧克力等零食（適合常吃甜點的人）
◆半年不買雜誌
◆半年不買特價品
◆把舊書讀完之前，不買新書

◆半年內不囤積日用品
◆一年不買衣物
◆不買福袋
◆除了兒童節、孩子生日和聖誕節，一整年不買孩子的玩具

其他還有各種條件能挑戰，先從簡單的開始做，習慣後再提高難度就好。

祕訣❹ 搭配購物日記，方便檢視

挑戰時間拉長時，每個月要回顧審視達成狀況，靈活調整計畫。搭配前述提到的購物日記是個很不錯的方法。

二〇一八年時，我每個月會在部落格上介紹自己當月的購入品。一年後從紀錄上清楚顯示我只會買蠟燭和牙齒保健品，所以我才將這兩項設定為必買品。

購物紀錄不僅能了解達成狀況，還能維持挑戰動力。

祕訣⑤ 告知親近的家人朋友

向家人朋友表明自己正在實行「不購物大挑戰」，好處多多。

◆維持動力

「不想讓別人失望」或「不想被笑」這種心情可以避免秒放棄。

◆省去說明的時間

一開始就跟大家宣告正在執行「不購物大挑戰」的話，跟別人去逛街或是出去玩時，就不用再花時間解釋說明了。

◆所有人都是你的小幫手

當你說出自己正在執行「不購物大挑戰」之後，身邊一定會有人在你忍不住想買東西時熱心提醒你，或是找到想跟你一起挑戰的夥伴。

我已經養成不亂買東西的習慣，在部落格分享，就是讓我保持動力的方法之一。而且我也會跟女兒說自己正在執行「不購物大挑戰」。當我說「那個東西不錯吔，要不要買？」時，她就會提醒我：「媽媽，妳不是今年不買東西嗎？」

祕訣❻ 發展多元興趣

前面提過，人的日常行為都會用到時間、金錢、體力和心力。**購物比想像中花時間和體力，把這樣的時間和心力用在別的地方，更容易維持挑戰動力。**

如果購物是你的興趣，可以試著探索其他新興趣，看電影、逛展覽、和朋友一起做菜都是很好的選項。

祕訣❼ 善用既有物品

不買新物品，能用的繼續用。**先盤點家中的囤積物，優先使用丟掉很可惜的物品（雜物太多會很難使用），接著把具體的使用計畫填入行事曆。**或是把東西放在隨手可得的位置，也是個不錯的方法。

囤積物如果不特別注意就不會拿來用。為了減少買了卻沒看的書，我目前已停止買書，按順序全部看完。

以前我會蒐集雜誌報導或是列印網路食譜，為了善加利用這些食譜，我一張張檢查，只留下想做的食譜放在櫥櫃。話雖如此，由於我不太喜歡做菜，所以大部分的食譜都扔掉了。

吃完家中食物的「食物櫃挑戰（Pantry Challenge）」，也是一種善用物品的方法。

祕訣 8 只買需要的分量

必需品有缺時，再買需要的分量，也能減少亂買東西的機會。當然，請做好最基本的儲備。由於日本多地震，的確有預留緊急糧食的必要，但是不需要大量採購和囤貨。

二〇二〇年因為新冠疫情的影響，外出購物變得不容易，也有物流停送的狀況。很多人開始對極簡主義有疑慮，我甚至在網路上還看到有人分享「極簡主義，我後悔了」的文章。

作者是極簡主義者，只在東西有缺時才買需要的分量。她看新聞說衛生紙缺貨，檢查家中的衛生紙後發現快用完了，趕忙跑去採買。結果到處都買不到衛生紙，令她十分焦慮，終於在五天後買到了廁所衛生紙。

真正的極簡主義者，即使買不到衛生紙也不會驚慌失措。沒有衛生紙時可以用布，沒有布時也能用水洗。重點無關乎極簡主義，而是是否願意花心思應變。

祕訣❾ 找出自己的購物開關

人通常是在發生某些事或受到某些刺激後才會買東西。請各位思考看看自己的購物開關是什麼。有三個常見的刺激源：

1 心理需求（請參照 Part 1）
2 他人行為
3 環境與狀況

受他人行為影響的例子：

◆習慣和家人或朋友等特定人物一起購物（一見面就會買東西）

◆和家人吵架後因為心情煩躁而購物（吵架成為一種生活習慣，只要吵架習慣不變，就會亂買）
◆自己的物品或衣服被批評，想透過購物獲得稱讚
◆因為私交很好的設計師推薦，所以買了洗髮精
◆想讓身旁的人覺得自己高人一等（過度的認同需求）
◆先生或小孩直接許願（「聖誕節要買那個喔」、「過年的時候要不要買這個？」等等）

環境與狀況的例子：
◆看到特價品或折扣廣告（店內看板、數字、箭頭或文宣等等）
◆為了特殊活動買的衣服或鞋子
◆被同事的穿搭或 YouTuber 分享的東西燒到，覺得自己也想買
◆要去挑選送朋友的生日禮物，不小心也買了自己的東西
◆時常手滑逛購物網站或 Instagram

◆收到購物網站寄的特惠通知
◆三級警戒或颱風來之前去超市，看到其他人囤貨就跟著一起買
◆多了一筆臨時收入

找到觸發自己忍不住購物的因素後，花點心思讓自己做到不反應的練習，或是採取其他行動。例如，看 Instagram 或 YouTube 時會很想要網紅用的東西，那就限制使用社群媒體的機會。

出現「我想要」的念頭時，不要馬上點進購物網頁，而是動筆寫下「三十天等待筆記」，延長消費前仔細思考的時間。只要持續下去，就能養成不同的習慣模式。

祕訣⑩ 失敗沒什麼了不起，換個方法就好

即使執行「不購物大挑戰」，還是會有不小心手滑亂購物的可能性。這時候

最重要的是，不要自我放棄。任何人遇到挑戰時都會遇到挫折，失敗本來就在預期之中。問題是放任自己故態復萌，回到大肆購買的生活。

失敗時不要過度責備自己，因為沒有失敗就不會成長。

失敗後只要再次確認目標就好，「不購物大挑戰」真正的目的是改變消費習慣，絕不是完全不購物。有時候只要稍微改變執行方法或換一種手段就好，真的沒這麼難。

如果挑戰難度太高，就大膽調降限制條件，重新再出發。

3 預防衝動購物

亂花錢的原因有一大部分來自衝動購物。這一節就來學習如何防範衝動購物吧。**搭配「不購物大挑戰」的十大訣竅就能事半功倍。**

實體店

對策❶ 不隨便踏進店內

帶著目的再踏進店內，不要為了打發時間而走進去逛。

對策❷ 攜帶購物清單

事先列出要採買的物品，記在紙上或手機裡都沒關係。寫清單是為了讓購物目的清晰化，列點時還能辨別是「想要」還是「需要」。沒帶清單去購物的話，還是很容易被特價或新奇商品吸引而手滑。

有清單便能明確自己的購物目的，不會在店裡分心。在紙上寫「吐司、牛奶和四號電池兩顆」，這些就是要達標的任務。當你明白除了買這些東西之外，別的事都可以不用做之後，不但能減輕內心負擔，還能遊刃有餘地購物。

目標明確就不會被其他事轉移注意力，大幅節省時間。此外，攜帶購物清單還能避免重複購買、忘了買和買太多的失誤。

如果在店裡發現超想買的東西時，先記下來，回家後寫一張新的清單，下次再買。貫徹這些步驟，就能減少衝動購物的頻率。

購物前花幾分鐘寫清單，防止金錢和時間的浪費。

對策③ 店內不久待

在店裡待的時間越久，越容易衝動購物。實際看見和觸摸商品會讓人想買是人之常情。店內到處都是主打商品、色彩繽紛的宣傳廣告、試吃區等等的促購手法和文宣。

完成購物目標後，請快速離開店裡。**想打發時間請去附近的公園或休息區，不要在店裡逗留**。事先規劃購物時間，就不會在店內閒晃了。

對策❹ 購買前仔細思考

如果你發現某樣物品不在購物清單中，但有需求的話，還是買吧。這種時候請在購買前仔細思考：**「為什麼我在列清單時不覺得有需要，在店裡看到後卻發現要買呢？」**

當我想要某件物品時，經常問自己：「為什麼今天會突然變得很想買？」

對策❺ 購物時要心情平靜

煩躁、不耐煩、壓力大或是因為領了獎金太興奮，這些情緒波動大的時候很難冷靜購物。就像肚子餓時去超市就容易亂買，那就吃些小點心後再出門。

網路商店

網路商店讓消費變得輕鬆，只要掌握以下重點，一樣能避免衝動購物。

重點❶ 取消電子報

取消訂閱所有商店的電子報。許多消費者會被充滿新奇、降價商品和折扣情報的電子報吸引而購物，所以只要不看就不會點擊。另外，社群媒體的店家追蹤也要有所克制。

重點❷ 限制上網時間

不去實體店可以有效控制衝動購物，網路商店同理可證，只要不點進網頁，就不會亂買。請停止漫無目的地滑網頁，有需要時再拿手機。

重點❸ 忽略免運門檻

現在大部分的電商都有免運服務，為了免運而買的消費行為，踩雷的機率非常高。為了免運，就容易把「現在不買也沒關係」的商品放進購物車，而不是購買必需品。

網購前請把運費視為理所當然。因為你沒有親自去店裡，而是別人將包裹送到你家。從下單到運送到府，中間經歷倉庫撿貨、打包和宅配運送等等的流程。不管是運送和人事都有成本，所以付運費天經地義。何況，現在的電商還被要求快速送達。

各位只要記得，在必要的時間點購買必要的東西就夠了。

重點❹ 點進網頁前準備好購物清單

與在實體店購物時一樣，網購前也要先列好清單。你可能會想「我有把物品放入追蹤清單，不用購物清單」，但追蹤清單裡混雜了「想要」的商品，而不是

「必要」的東西。

重點 5 放入購物車後立刻結帳

這點也跟實體店一樣。將目標商品放入購物車後，立刻結帳，關閉網頁。因為東逛西逛就會想買東西。

重點 6 查資料和購物要分開進行

下單和查資料要在不同時間進行。上網可以連結大量資訊，有時候會因為無止境的搜尋遲遲無法下決定。失去判斷力的狀況下購物，就會不小心手滑下單。先設定資料查詢的時間，篩選、比價和看網友評價都在這個階段進行。決定好商品後，記在購物清單上。

重點 7 無視推薦商品

大型購物網站會在商品下方標註「買了此項商品的人也買了——」或是「推

薦給你的搭配商品」。有些推薦商品或許是真的很好用，但沒在清單上就不要隨意下單。

重點❽ 提高購物難度

網購功能越方便，就越容易超買。想減少衝動購物，就提高購物難度。

提高購物難度：

◆手動輸入付款資料和信用卡卡號
◆不用APP
◆不使用定期購買配送
◆不要把購物網站加入「我的最愛」，每次都要重新搜尋、點入

重點9 養成自動進位的習慣

看到「二七八〇圓」時請進位成「三千圓」，不要以為是兩千七百圓、兩千五百圓或兩千圓。**養成看到價格都進位的習慣，二四九九圓的商品就是兩千五百圓或三千圓。**

許多商品都會訂九十九圓、七十八圓或七八〇圓這種不乾不脆的價格，因為這種定價會讓人產生特價品的錯覺。另外，還有三千三百圓或四千四百圓這種整數，常常是以兩件或套組的方式販售。

我常光顧的有機商店也一樣，會出現一二・九九圓、六・五七圓這種瑣碎的標價。所以我記帳時會將所有價格進位，寫成十三圓和七圓，只在合計欄位寫實際的數字。覺得只要知道大略數字就好的人，合計的部分也可以進位。

重點10 時間比特價品更寶貴

電商網站的設計充滿琳瑯滿目的照片和宣傳文字，面對這些誘惑時，要保持冷靜。網站愛用紅底白字標示「免運！」或「今日限定」等內容。只要看到限定，會讓人覺得非買不可。

對店家來說限定商品天天有，但是還在瀏覽網頁而不自覺的你，浪費的時間遠比你買的東西更珍貴。

無論實體店面還是網路商店，只要注意購物目的，就不會亂買了。

熱愛特價和特賣的心理狀態

最容易亂花錢的時刻就是商品降價的時候，想改變購物習慣，要特別留心各種特賣。與特賣和平共處，就能減少失敗購物。

以下舉出六種喜歡在特賣會購物的理由：

理由① 特價買才划算

「降價時買東西非常划算！」有這種迷思的人，經常會在特賣時購物。如果錯誤認定價格等於價值，那麼只要打折，就覺得自己用便宜的價格買到很有價值的東西。

「原價兩萬圓的夾克半價了！能用五〇%的價格購買一〇〇%價值的東西，

真划算。」但是如果買了不用，對我們而言就是零價值。商品就會變成囤積的雜物，不但日後要煩惱如何處理，還會不斷後悔，降低自我肯定感。**高價值的商品瞬間歸零，甚至是負數。**

「東西不用就沒有價值」，只要這麼想，就能理解特賣時買東西不一定划算的道理了。

理由② 機會難得，不想錯過

看到「出清特賣」或「僅剩一件」就動搖的人，都是因為害怕再也買不到了的恐懼心理。這種想法的重點已經不在購物本身，而是不想錯過機會。只是這個機會是大腦擅自定義的「難得機會」，並非現實。

現在幾乎沒有店家不特價的，服飾店特賣大多在十二月、一月或六月，但其他月份也會有便宜出售的零碼商品和庫存。另外，為了招攬顧客，店家也常推出特價品吸睛。

即使錯過這次機會，未來還有千千萬萬個相同的機會。如果家裡的衣服已經多到穿不完，這代表你以為的「難得機會」就只是假象而已。

理由③ 不想讓給別人

以在特賣會場搶贏他人為目標的人，最容易大肆亂買。大型特賣會場內眾人瘋狂搶購的景象，實在很驚人。因為很多人帶著強烈的競爭意識，只想要贏過別人，這些人都有匱乏心理的問題。**這種心態會讓人無論收購多少東西、得到多少特價品，內心都無法滿足。**

比起因為獲得特價品而自豪，商品物盡其用更重要。

理由④ 貪小便宜

明明是因為有需求才去買東西，卻在特賣會上被便宜貨拉走注意力。如果把大幅降價的商品視為第一優先，就可能錯過自己真正的需求。**因為此時的購物標**

準已經變成「最便宜」和「降價最多」了。

我買東西時如果在幾個選項中猶豫時，也會選擇最便宜的品項。前提是「其他條件都一樣，便宜的當然比較好」，沒有超出購買必需物的基本準則。但是在特賣會場這種特殊場合，容易讓人覺得每樣商品都是自己需要的。

節省過度會累積壓力，覺得需要慰勞平時努力省錢的自己，這時就容易失控爆買。所以去特賣會時，要把焦點放在「我要為想要的東西好好花錢」，如此一來比較不容易購物失敗。

理由⑤ 難得都來了，不買就是吃虧

我年輕時，只要店家擺出特價花車，我就會花時間東翻西找，只為了在裡面找出自己喜歡的東西。因為有「難得遇到特價花車，兩手空空回家就虧大了」的念頭，一方面也覺得「我花了時間、精力和交通費來到這裡，不買點東西對不起自己」。

明明只是剛好看到特價品，為什麼會覺得吃虧呢？因為人對損失非常敏感，很容易帶著匱乏心理生活。想方設法要回本，結果就是失去更多金錢。最終那些買回家的東西，就直接進了收納盒再也沒拿出來用，還得消耗空間和保管心力的成本。

無論是特賣會、實體店還是網路商店，如果沒有想要的東西，兩手空空回家也無妨。只要當自己是在享受櫥窗購物或是市場調查就好。

理由⑥ 跟風

我在「不購物大挑戰」時提到，人容易受他人行動影響。特賣會場上看著別人充滿幹勁，將一件又一件的商品丟進購物籃，結帳買單。被這種「買買買！」的氣氛牽著鼻子走，就會失心瘋。

近年來電商的大型購物節，會在網頁上活動時間倒數、顯示限量庫存和銷售佳績排行榜，誘使消費者感受購物的熱度。看到這些內容的人就會覺得大家一起買，我不是孤單一人。連帶牽動到不想輸給其他人的競爭心態。一連串的刺激下，人就會開始失去理智，瘋狂下單。

我不會說「不能在特賣會買東西」，因為還是有很多人能聰明購物。只有用原價迅速購買必需品，最後才不會浪費時間和金錢。

從過去到現在，我捨棄了大量沒有用到的物品，那些都是因為便宜才買的。

5 有意識的消費

抑止衝動購物或買便宜貨的前提就是：有意識的消費。為了避免感情用事，任由欲望暴衝，以下介紹五大注意事項。

五大注意事項

❶ 掌握收支狀況

掌握收支狀況，計畫性使用金錢。每月收入有多少？花了多少錢在哪些方面？只知道大概數字也無妨，先從了解自己的收支狀況開始。

因為我討厭數字，過去有很長一段時間沒有好好理財，現在也絕不是會仔細對帳、省吃儉用的人。自從我用自己的方法記錄每日收支後，存款也增加了。

即使過去對金錢流向漠不關心，只要記錄收支幾個月，你也能將注意力轉向現金流。為了知道自己將錢花在哪裡，需要一些紀錄或資料。筆記本或APP都可以，請用對你而言容易操作的方法嘗試看看。

❷ 鎖定購物重點

為了達成高滿足的購物體驗，請將金錢這項珍貴的資源用在你認為最重要的事物上。**建議參考 Part 2，把錢花在自己珍視的理想生活上。**

看到可愛的居家雜貨，買的當下的確很開心。然而，那樣的喜悅無法持久，請以長遠的目光思考金錢的用途。

❸ 養成健康的生活習慣

購物時要在身體狀況還不錯，心情平靜的時候進行。疲憊或壓力等種種理由會讓自身能量低落以及心緒不穩，容易變成失敗購物。內心沒有餘裕，判斷力就會遲鈍。此外，充滿負面情緒時，便會為了紓壓而購物。

生活狀態混亂，花錢方式也會雜亂無章，所以要努力整理生活，維持健康。做好一些簡單而平凡無奇的生活習慣，例如：充分休息與睡眠、多吃對身體有益的食物、定期運動，即使遭遇不順心的事，也要避免過分沉浸在陰沉的情緒中，建議可以將壞心情寫出來。

無論多繁忙，也要騰出時間做喜歡的事，為自己充電。忙碌的現代人要避免將行程塞得太滿，生活步調慢，比較不會購物失敗。

❹ 購物前請三思

在預防衝動購物的章節也提過，希望大家利用「購物日記」、「三十天等待筆記」和「購物清單」養成購物前思考的習慣。

「啊，好想要！」↓「購買」前設一道緩衝↓「我真的需要嗎？」、「非要今天買不可嗎？」、「有沒有其他方法可以代替購買呢？」養成思考這些問題的習慣，就不會亂花錢了。

❺ 不過分依賴信用卡

信用卡很方便，卻有過度消費的疑慮，請小心使用。用現金消費時，從沒有錢的那一刻起就無法再買；**信用卡就是把不可能換成可能，一旦養成刷卡的習慣，就會金錢麻痺**。

新冠病毒疫情爆發前，我都用現金購買食品和日用品，這樣就能確實感受到花錢的痛楚和金錢的有無，不會過度消費。

遺憾的是，在寫這本書的當下，我幾乎都使用信用卡付費了。不過，使用信用卡時，我一定會記錄消費金額，並寫出存款扣除款項後的餘額，便不會有過度刷卡的問題，銀行扣款時也不會過度衝擊。

信用卡和現金並用的人，刷卡後可以先從錢包拿出該筆消費的金錢；網購選擇信用卡支付時，則從錢包拿出對應的金錢再下單。

6 了解想要和需要

開始理財後，我開始區分想要（wants）和需要（needs）的差別，提醒自己把金錢用在「需要」上，只撥少許額度在「想要」上。當我有意識地區分需要和想要後，亂花錢的頻率便減少了。接下來分享我的區別方法。

一步步捨棄不需要的東西，整理物品和心靈後，分類會越來越容易。我將金錢用途分為以下三類：

① 生存必需品（需要）
② 應該擁有的物品（介於想要和需要之間）
③ 想要的東西（想要）

有些物品不容易區分想要還是需要，雖不是生存所必須，但如果沒有的話，生活品質會降低，例如洗衣機。為了這類物品，我另外設一個分類叫「應該擁有的物品」。

把錢用來購買①和②，將③當成樂趣。實際做法上無法這麼涇渭分明，也常不小心將錢用在想要的東西上，差別只在於是否有意識地消費。

生活所需的物品有一定的範圍，想要的東西卻沒有止境。如果不顧一切購買想要的東西，再多錢也不夠用。

以下列出我每個月的消費清單和已經擁有的物品，分成生存必需品、應該擁有的物品和想要的東西：

生存必需品（需要）

●住處（放置自己的物品、生活起居的地方、有浴室）
●食物、水、暖氣 ●最低限度的衣物、鞋子等
●工作 ●健保、社會保險等 ●最低限度的餐具 ●最低限度的寢具
●原子筆1枝、筆記本或便條 ●老花眼鏡

- 收納必需品的基本家具和容器
- 物品保養和身體保養品

應該擁有的物品（介於想要和需要之間）

- 電腦（工作用）
- 智慧型手機（雖然沒有也能活，但有了會非常方便）、網路
- 印表機（工作用）
- 桌燈（夜用）
- 工作用書或文件
- 法文辭典、法文書等等（豐富人生的嗜好品）
- 著色本和畫具（這也是嗜好品）
- 銀行帳戶、信用卡、護照
- 座鐘
- Fitbit（運動健康追蹤器、記步器，用於健康管理）

● 彈跳床（也是用來維持健康）
● 乾刷用的刷子
● 精油（用於健康管理）
● 包包、錢包、慢跑鞋

想要的東西（想要）

其他擁有的一切物品

像這樣列出清單後，便能更有意識地購物。出現想要的物品時，不要立刻購買，**先想想「這是想要還是需要？」，思考後如果還是想要也無妨。思考物品屬於想要還是需要，有巨大意義。**

每個人的必需品不同，像是生病的人需要藥物，眼睛不好的人需要眼鏡一樣；應該擁有的物品也因人而異，例如住在沒有大眾運輸的地方，就需要車子。

分類沒有標準答案，只要靈活檢視

即使列出清單，也要時時檢視兩者的分別。以前需要的東西，未來不一定需要。例如每個人都需要住所，但是超過需求的寬敞空間不是必需品而是想要的東西。因為放置雜物的空間就不是必需品了。

應該擁有的物品比必需品更有檢視的空間。例如平常雖然都是開車，但仔細想想，會發現腳踏車就夠用了。**像這樣客觀檢討清單中的物品，漸漸提升準確度，便能完成滿足感更高的購物**。

最難分類的就是應該擁有的物品，而且還沒有正確答案。切記！分類的目的不在正確區別物品，而是讓自己能更加理性，基於必要性來購物。

確認自己的想要和需要，不僅能夠順利運用金錢，還能減少雜物囤積，一舉兩得。

Part

4

捨棄後，
邁向不消費的生活

1 捨棄的好處

前一章我建議大家重新審視自己的既有物品，避免衝動購物，審視時如果能捨棄已經不會使用或是不需要的物品，就漸漸不會再亂花錢。

察覺無用購物

仔細檢視沒在用的物品，可能會找到僅在剛買回來時用過幾次便塵封在某處的物品，或是買了之後完全沒碰過的東西。

如果看到家中充斥著原本是想買來用，結果沒有充分使用的物品，任誰都會察覺到自己當初買錯了。

這類物品大量現形後，就會提醒你未來買東西時要特別注意。清出大量沒用的物品就是增加垃圾，對環境也不友善。

不再想買就買

捨棄物品能讓生活減量，但捨棄的過程卻十分辛苦。很多人買新電腦或手機後會保留舊機，只覺得可以拿來當備用或是說不定總有一天會用到。**其實這些都是藉口。因為丟東西很辛苦，研究怎麼丟也很麻煩，繼續保留比較輕鬆，所以才沒丟。**

只要跨越這層心理障礙，持續花時間和精力捨棄無用品，就會覺得「我不想再做這種事了，以後買東西前要三思！」

了解自己的喜好

整理衣物和化妝品時，必須決定什麼該留、什麼要丟。思考決定的過程可以讓我們明白自己的喜好。

你會有許多意外的發現，像是「原來這類的產品不好用」、「這個顏色好看但很難搭」、「這跟其他配件不搭」等等，即使未來被這類商品吸引，也會想到不好用，欲望就會自動消失。

將常穿和不常穿的衣服全都丟進衣櫃裡，容易產生這些衣服我都喜歡，每一件都很重要的想法。你會覺得這些衣物反映了自己的喜好，全都很珍貴，但這是種錯覺。

會有這種想法，只是因為無論任何東西只要長期持有，我們就會產生依戀情緒，視擁有為理所當然。此外，人一旦擁有某樣物品，便容易賦予超乎必要的價值，心理學上稱為「稟賦效應（Endowment effect）」。

只要執行過一次物品斷捨離，就能快速判別自己喜歡和討厭、需要和不需要的東西。

恰如其分的數量

開始捨棄衣物後，你會清出大量類似的衣服：黑色上衣有好幾件，款式相近的裙子也有好幾件，可能也會出現許多大同小異的鞋子和包包吧。當極為類似又沒在使用的物品接二連三出現時，你會發現自己不需要這麼多東西，數量再少一點也夠用。

若是不知道多少才是恰如其分，可以挑戰將這些物品都用完。別以為這個挑戰很簡單，其實是非常耗費心力的事。

我曾因為抽獎拿到太多保養品，覺得丟掉可惜，決定要用完它。只搽臉會用不完，我便連手腳都一起搽，每天在全身上下塗塗抹抹一堆東西，試用品的數量還是很多，令人疲憊不已。

我真是悔不當初，拿那麼多試用品的自己實在很笨。

察覺購物傾向

努力捨棄不需要的物品後，購物習慣與傾向會逐漸清晰。大部分剩下來的服飾或居家雜貨可能都是特價品，或是為了湊運費才買的。檢視這類物品的過程中，就會察覺自己的購物盲點。

我以前很喜歡買福袋，但許多福袋裡的毛衣、錢包和包包後來都被我丟了。**一方面是因為那些東西不是我的喜好，最根本的原因是我已經有在用的物品了，那些全都是多餘的東西。**

占有欲降低

當你捨棄櫃子和抽屜裡滿坑滿谷的無用物品，讓空間更清爽時，同時也在打掃心的空間。省下購物和管理物品的時間和精力後，內心多餘裕，連帶會降低購物欲。

大部分的購物原因都是為了滿足情感需求。生活變得簡單，內心跟著平靜，感受富足，享受自己所愛，就不會再這個也想買、那個也想要了。

在捨棄的過程中面對自己，做真正渴望的事，令人無比滿足。這樣的生活是以自己為主體，不被物品控制，還能產生自信。不為外圍的聲音所惑，徹底從衝動購物、當下快活的生活畢業。

2 「捨棄」就是省錢

「丟棄不用的東西很浪費，高價買回家的東西拿去丟，等於把錢扔到水溝裡。斷捨離是有錢人的奢侈。」很多人會有這樣的想法。其實把不需要的物品全部捨棄，重建生活反而能省錢。

當我們捨棄物品，開始簡單生活後，就不會再亂花錢和衝動購物，能存下更多錢。此外，下列這些也是捨棄物品能省錢的原因：

買新的不如好好珍惜舊物

捨棄沒在用的東西能省下原本管理物品的資源，不管是時間、體力、精力和空間等，將省下的資源用在別處就能增加收入。

我們囤積物品時很難發現一個事實——囤物必定會花費時間和金錢管理。像是每年要送洗很少穿的大衣，或是買收納家具等等。擺放物品的空間也要花錢。如同租賃空間每個月要付錢一樣，將擱置的雜物囤放家中，等於為不用的東西付房貸、房租和固定資產稅。

看收納教學書，參考和學習收納術也需要時間和金錢。只要減少物品，就不用浪費這些心力和資源了。

空出來的時間和體力可以去打工或是發展副業增加收入，因為不需過大的生活空間了，也能搬到更小的屋子。房租和電費也減少了，比過去省下更多錢。

我在六年前搬家，新家遠比舊家來得小，因為此地點更便利，房租和電費卻減少了。時間和內心產生餘裕後，更能精準理財。如果多出空閒時間做菜，就不用花錢外食或叫外送了。

夾帶意外之財的小幸運

整理物品時，如果發現混雜其中的金錢或禮券，就是一筆開心的臨時收入了。**你可能會覺得哪有這麼好的事，其實捨棄無用物品時，發現現金或禮券的案例並不少見。**

二〇一八年夏天，美國的二手商店「Goodwill」店員在電炸鍋內的鋁箔紙包中，發現四萬六千元的美金；二〇一八年一月，加拿大溫哥華的二手商店「Value Village」的店員在客人捐贈的包包中發現了裝有現金的信封，總共八萬五千加幣。

類似的事件屢見不鮮。我的部落格讀者中，也有人在整理物品時找到十萬圓以上的現金或舊禮券和電話卡等等。

我自己也有類似的經驗。女兒離家獨立後我整理她留下的書，結果從書裡掉出四十元美金的現鈔。不只是金錢，整理東西時也經常會跑出自己原本以為不見的物品。

不需要的物品可以拿去賣

不需要的物品如果還有市場價值，拿去拍賣還能賺點零用錢。**在網路時代，一般人也可以輕鬆地將不需要的物品賣給他人**。網路上有許多收購二手物品的業者，不但願意免費估價，還提供到府收件的服務。

我自己處理不需要的物品時只要還能用，全都會捐出去。不過，母親將我留在日本的唱片和錄音帶賣給回收商店後說：「賣的錢比想像中多呢。」

不再重複購買

將不需要的東西清空，只和需要的物品過生活後，對於什麼東西擺在哪裡也能一清二楚，不會再犯重複購買的錯誤。

這部分的錯誤消費也省下來了。剩下來的每一件東西都會珍惜使用，補貨間隔跟著拉長。

即使買了特價品覺得很划算，如果不用，即使再便宜，付出的錢都是浪費。只要不買特價三〇％的商品，就能省下一筆錢。即使是以原價購入必需品，以長遠的眼光來看也是省錢的。

開始簡單生活，周遭就會出現各種以前覺得必要，但其實不用也沒關係的東西。日常生活使用的物件減少後，便能省下購物的麻煩和金錢。

會有丟掉東西很浪費的想法，是因為對付出的金錢念念不忘。嘴上說「我當初是用高價買的」，明明沒在用卻捨不得丟。然而即使放著不管，也無法收回已經付出的金錢。

可惜和浪費都只是不願捨棄時想到的方便藉口而已。物品要用才有價值。真正的浪費，是將不用的東西永遠擺在家裡。

3 創造更多餘裕

我們用車子和房子來思考捨棄與省錢之間的關係吧。

以大眾交通工具代替汽車

汽車雖方便，但若不常開的話，放棄是更經濟的選項。改騎腳踏車或乘坐大眾運輸工具有諸多好處。

首先是交通費驟減，不需要負擔汽車保養費、保險、牌照稅、燃料稅、檢驗費、停車費和油費等支出。另外，也可以不用花錢在電瓶、機油和輪胎等消耗品的支出上。

買車的費用或停車費也能省下來。從長遠看，搬到距離車站近一點的地方，即使房租變貴也很經濟實惠。不開車也能減少多餘的購物，因為大量採買就不容易帶回家了。

雖然我現在為了避免感染新冠肺炎改以宅配到府，但以前都是走路去購物。買得多的話，回程就要提很重的東西，只是累到自己，所以我每次只買自己拿得動的分量。

沒開車就會增加走路的機會，腰腿變得有力。有了車子則是不管去哪裡都會想開車。**因為人永遠都會選擇輕鬆的路，比起利用電車或腳踏車，都會優先選擇開車。**

若能從日常生活中找到運動的機會，也不用特地花大錢去健身房了。步行或是共乘也能減輕自己的壓力，不必塞在車陣中焦躁不耐，也不用被不守規矩的駕駛或任意飛馳的自行車嚇出一身冷汗，更免去買車時的各種煩惱。

不開車能大幅減輕壓力，也能省下大筆金錢。

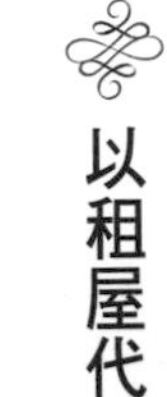

以租屋代替購屋

買賣房子不像車子這麼輕鬆，試想如果一開始就沒有房子會如何。房產也是一種持有物。我再三強調，無論擁有什麼東西，都需要花費時間和金錢管理。買房就要負擔經濟風險。全球經濟牽一髮而動全身，二〇二〇年爆發的新冠病毒疫情令許多人生活出現困難，應該出乎所有人的意料。

假設你在三十幾歲時以三十五年的房貸期限買屋，繳清貸款時就是六十五到七十歲，沒人保證能如期繳納房貸到那個時候。房子有是有了，但如果是獨棟就要繳固定資產稅，大廈則要付管理費或修繕費。房屋老化後的修繕費用遠比想像中驚人。

全球邁入少子化和超高齡化，相對於整體住宅數，總戶數逐年減少，空屋率越來越高。平均壽命延長，越來越多人在晚年進入照護機構，加上孩子少，便不再需要寬敞的住處。**也就是說，即使千辛萬苦買了房子，日後也會成為不需要的東西，還要在精神、經濟面上費心照顧。**

買房就有被房子束縛的風險。購屋後居住地就固定了，雖然可以轉賣，但買賣房屋也要花費時間和精力。因此，大部分的人很少買賣房屋。然而，變化無常的這個時代，人不會在同一間公司工作到退休，上班地點也可能異動，或是到海外工作也很常見。

孩子們成年離家後，就剩下一棟對夫妻倆而言過於寬闊的屋子。此時如果房貸還沒繳清，老後生活令人擔憂。

另外，身為極簡主義者特別重視的是，如果長年住在同一棟屋子裡，永遠都不會有機會捨棄不需要的物品。雖然有些人會趁裝潢時清東西，再怎麼喜歡囤積的人，搬家時也會稍微整理，但擁有自己的房子，就無法得到搬家這個絕佳的整理機會。

你或許會說：「可是房子會變成自己的資產，老了以後還要付房租過日子，實在太淒涼了。」能擁有自己的房子，我大概也會很高興。前提是房貸已經付清，在我有生之年也不需要修理或裝潢。

此外，還是要打掃起來不會太累的大小，採光佳，位處四周安靜，無論上班上學都很方便的地方。現實就是這種房子幾乎不存在，就算有我也買不起，這種夢幻房子非常昂貴。

要買到理想中的房子十分不容易，所以都會降低條件和門檻，像是「雖然通勤單程要花一個半小時，但其他條件都很好，就買這裡吧」。

然而，通勤是每天的事，即使本人沒有自覺，小小的勉強和房貸的支付都會形成壓力，逐漸累積在心裡。每天生活壓力大，應付家庭或職場的事務就已經很心累了，還要背房貸，真的很辛苦。

別忘了！**壓力是萬病之源，不買房子就不需要承擔這種壓力**。像這樣不買車、不買房，就能降低生活壓力和開銷。其實衣物、居家雜貨和清潔用品等小東西的購物也一樣。

一旦擁有太多物品，就不得不忙於管理，過著受物品控制的生活。將無用物品一一放手，只和必需的物品一起生活，更能活出自己真正的樣子。

4

還是下不了手捨棄時，怎麼辦？

只要捨棄不需要的物品，就能養成良好的購物習慣，存錢又省事。如果你像過去的我一樣，家中堆滿不重要的物品，銀行帳戶卻沒多少錢，請試著捨棄不需要的物品吧。可以從難度低的開始整理。

只丟一樣就好

每天丟一樣你已經不需要的東西，什麼都可以。事先定下丟東西的時間，**像是一大早進浴室前等等，比較容易持之以恆。整理不需要的物品以行動為始，以行動作結。**

捨棄的對象包括任何東西，可以是一張網路上列印下來的食譜、一直擺在廚房吧檯的紅茶罐、房間角落裡積了一層灰的雜誌、書櫃邊緣滿出來的古老講義、衣櫃裡晾在衣架上的圍巾、餐櫃裡完全沒碰過的盤子、心想著可能會用到而留下來的商店紙袋。找到不需要的物品後，乾脆地丟棄吧。

有人會問：「丟一張紙能改變什麼？」**現在這一刻不丟，一切就和昨日一樣。無論多渺小的東西，只要不丟棄，什麼都不會改變。這個瞬間丟掉的紙，會大大改變一年後的未來。**

應該很多人聽過「蝴蝶效應」吧。一隻蝴蝶在巴西拍動一下翅膀，經過一連串的反應後，德克薩斯州會颳起龍捲風。微不足道的小事會在十萬八千里外的地方引發其他現象。

請記住，整頓不需要的物品，就是一次又一次丟棄小東西累積起來的行動。

丟垃圾

任誰來看都覺得是垃圾的東西，就要徹底執行丟棄這個動作。

範例：

◆點心包裝紙

◆服飾吊牌

◆外送披薩盒

◆便利商店塑膠袋

◆商品包裝盒

◆禮物包裝紙

◆斷水的原子筆

◆壞掉的燈泡

◆缺損的餐具

◆舊筆記本

◆舊收據

◆鬆掉的內衣褲

不習慣丟東西的人，不需要捨棄看起來不像垃圾的東西，或是收在櫃子裡的東西。相對的，垃圾就要確實丟掉。那些看起來還能用的無用品，即使現在無法割捨，將來有一天你也能丟棄。

建議大家拿起垃圾袋繞房間一圈，將垃圾丟進袋中。只要下定「好好丟垃圾」的決心，未來就會產生巨大改變。

實踐一個微小目標

當你習慣一天捨棄一件物品或垃圾後，試著設定一個微小目標或計畫，展開「捨棄運動」吧。

微小目標的範例：

◆今天內收拾廚房流理臺

◆本週將桌面整理乾淨

◆整理床頭櫃的抽屜
◆週末前把餐櫃裡過多的馬克杯減量
◆過多的圍巾數量減到三分之一
◆丟掉沒在穿的鞋子
◆丟掉錢包裡的收據和集點卡
◆丟掉就職至今的薪資單
◆每天晚上洗碗、保持水槽清潔

順利達成設定的目標，既開心又能建立自信。如實執行自己訂定的計畫就是遵守和自己的約定。在認真捨棄的過程中，不僅能培養辨識囤積物的眼光，判斷是否該丟棄的速度也會加快。

訂定計畫有幾個訣竅，首先是以「稍微努力就能達成的事情」為目標，接著考慮什麼時候、花多少時間執行，填入行事曆。用備忘錄提醒自己丟東西，像是在便利貼上寫「整理」，貼在每天早上一定會看到的地方。我自己是在便利貼上寫「一日丟一物」，代替書籤黏在每天早上會寫的筆記本裡。

不要花太多時間制訂計畫，目標是丟東西而不是訂計畫。在行事曆中寫下目標或是寫在待辦清單上，確認執行狀況，就能直接連結整理東西的生活了。

即使目標是「一週丟一次」或是「只在週末丟東西」也勝過什麼都不做。不過可以的話，請盡量維持每日丟東西的行動。

下定決心每日執行的話就不會忘記，時刻意識到捨棄這件事後，腦中也會不斷浮現想丟以及應該丟的物品。

計畫不順利時，請果斷降低整理的門檻。即使只執行「一日丟一物」，也比什麼都不丟好得多。

5

六個提問讓人生減量

整理物品時，會猶豫這件物品到底該丟還是該留。只要事先設定原則，實際遇到時就不會陷入深思，能乾脆又有效率地捨棄物品。猶豫迷惘時，建議可以追問自己這六個問題。

有步驟地實現極簡生活

問題❶ 是否經常使用？

拿著沒在使用的東西也毫無意義。如果屋裡有滿坑滿谷的東西，就是因為有太多沒在用的物品。思考平時的使用頻率，丟掉沒在用的東西吧。

總有一天和以防萬一，都不是現在正在用的東西。

問題❷ 是不是用得很勉強？

感覺用得有些勉強的話就丟掉。例如別人贈送的物品。**「雖然不符合自己的喜好也不大會用到，但人家難得送的東西得用一下才行」——如果是因為人情才使用，就是在勉強。**

花大錢買下的地雷家具、穿起來不舒服的衣物、沉重的包包、難走的鞋子……如果一心只抱著回本的念頭，就會不停勉強自己使用這些東西。這世上有不少人即使擁有全新的高級原子筆，用的卻是別人送的劣質斷水原子筆。

用起來會有壓力的物品，請考慮丟掉吧。

問題❸ 擁有的意義是什麼？

下意識收起來的物品，請趁現在丟掉吧。這種東西沒有值得積極擁有的理由也沒有意義，**例如塑膠袋和店家紙袋。這些東西拿回家後，你是不是什麼都沒想**

就直接塞進平常放置的地方了呢？

如果有使用的計畫倒是還好，但大部分的人都只是模糊地覺得留著可能用得到，沒有任何保留的理由。這種沒有什麼目的性的行為反覆多次後，家中到處就會充滿紙袋和塑膠袋。

沒有捨棄物品習慣的人，在這個階段會出現問題❷所提到的「勉強使用」。他們會開始思考「這些東西可以用在哪裡？」、「是不是有收納紙袋的方法？」、「哪裡有賣好用的收納用具？」、「商店紙袋是不是可以拿來二次利用？」於是上網查資料、去圖書館借介紹收納術的雜誌等等。

然而，這些東西當初留下來，本來就沒有重大目的，只是順手罷了。不可能那麼輕易找到有效的用途，不過是徒增多餘的煩惱和工作。在發現下意識收起來的物品時，乾脆地捨棄才是上策。

問題❹ 現在的你會買嗎？

試著思考，「假設現在沒有這樣東西，你願意現在出同樣的金額買下嗎？」

如果答案是「不會買」，那就丟掉吧。

人的心情和生活環境會隨時間而改變，即使購買時覺得需要，最後也可能變得不再需要。

只要一直收在某個地方，就代表你不需要它。為了釐清現在的真實想法，請問自己：「現在的我會買它嗎？」

只要擁有，都會產生依戀與執著。客觀思考，避免感情用事，是順利放手物品的訣竅。

問題❺ 對理想生活是否有貢獻？

每個人的心裡都有一幅夢想藍圖，描繪著理想生活。請思考眼前的物品能否幫助你接近期望中的生活，這件東西讓你朝目標更進一步了嗎？還是成為你追求夢想的絆腳石呢？

大量的囤積物，會拖累你前進的腳步。**「有了這樣東西可以讓家事變輕鬆、打造更好的生活品質，即使必須利用有限的資源來管理也值得和它共度一輩子。**

我會帶著它一起迎向未來。」如果一件物品能讓你有這樣的想法，留下來也無妨，否則就是果斷捨棄。

無法令你感受到恩澤的物品，即使優質又美好，還是讓它離開家裡，交到能善用它的人手中，才是對自己、物品和環境更好的選擇。

問題❻ 是不可或缺的物品嗎？

只擁有對自己而言不可或缺的物品，生活轉眼間就能變得簡單。即使覺得重要，也不一定要擁有。看著喜歡、心愛或是令自己心動的物品，往往會讓人覺得應該留下來，其實不盡然。

就算覺得「我很中意這個！好可愛！我喜歡！」也沒必要擁有。我很喜歡可愛的東西，年輕時經常購買可愛角色的周邊產品。直到現在，我看到許多東西仍然會覺得它們「好可愛～」然而，我已經不會想要擁有它們。因為我無法妥善利用，而且即使沒有這些東西也能好好生活。

讓生活便利的商品看似重要，其實是最可有可無的。家中一旦擁有太多這類商品，雜物便會增加，反而為生活帶來不便。

切記！單一物品用起來很方便，但若數量太多，就會造成生活不便。

結語

生活中的點滴累積最重要

感謝各位將這本書讀到最後。看完內容之後，是不是覺得自己好像也能做到呢？本書寫了各式各樣的技巧，但不用一次全部挑戰，先從自己做得到的部分開始嘗試。

由於家裡放置大量物品讓生活變得凌亂繁雜，所以我在五十歲時下定決心，全心投入簡單生活，同時開始留意自己的購物模式和消費習性。

我一點一滴累積不購物的生活技巧和巧思，至今已經超過十年，但改變亂買東西和亂花錢的習慣絕不是件簡單的事。因為大腦就是喜歡新奇的事物，再加上現在是個方便購物的時代。

即使是現在，我也常會出現失敗的購物。二〇一八年，我因為買了太多著色用品，在那之後的兩年執行了相當嚴格的不買東西大挑戰。

不小心手滑買了馬上會變成雜物的東西，或是買了之後覺得「我錯了……」是常有的事，失敗也不要苛責自己。

重要的是依循自己的價值觀生活，每天用心實踐，一點一滴累積。從錯誤中學習，迎向目標的同時，享受與金錢和平共處的生活。

本書是以我的部落格「筆子 Journal」為基礎而寫成。因為有各位讀者每天拜訪部落格，閱讀上面的文章，寫信鼓勵我或是分享自己的心得，這本書才得以出版。由衷感謝大家的支持。

筆子

國家圖書館出版品預行編目資料

清空練習：從剁手族走向極簡生活，人生更幸福的
24 個方法 / 筆子作；洪于琇譯 . -- 初版 . -- 臺北市
: 三采文化股份有限公司 , 2022.12
面；　公分 . -- (Mind map ; 251)
ISBN 978-957-658-985-0（平裝）

1.CST: 簡化生活 2.CST: 生活指導

192.5　　111017471

suncolor
三采文化集團

Mind Map 251

清空練習

從剁手族走向極簡生活，人生更幸福的 24 個方法

作者｜筆子　譯者｜洪于琇
編輯二部 總編輯｜鄭微宣　主編｜李媁婷　美術主編｜藍秀婷　封面設計｜李蕙雲
版權選書｜劉契妙　內文版面設計｜今住真由美　內頁排版｜陳佩君　校對｜黃薇霓

發行人｜張輝明　總編輯長｜曾雅青　發行所｜三采文化股份有限公司
地址｜台北市內湖區瑞光路 513 巷 33 號 8 樓
傳訊｜TEL:8797-1234　FAX:8797-1688　網址｜www.suncolor.com.tw
郵政劃撥｜帳號：14319060　戶名：三采文化股份有限公司
本版發行｜2022 年 12 月 16 日　定價｜NT$380